# SYLLABAIRE

## CLASSIQUE,

OU

NOUVEAU

## TRAITÉ ÉLÉMENTAIRE

DE LECTURE FRANÇAISE.

Cette Édition, particulièrement destinée aux Enfans, et généralement aux personnes qui apprennent à lire, est extraite de celle in-8°., et ne contient que les trente-deux Leçons de Lecture qu'elle comprend, sans aucune des explications qui les précèdent et les suivent.

L'Édition in-8°. est destinée aux personnes qui enseignent à lire et aux étrangers qui veulent apprendre la prononciation française. Elle se vend séparément.

# SYLLABAIRE

## CLASSIQUE,

OU

NOUVEAU

## TRAITÉ ÉLÉMENTAIRE

### DE LECTURE FRANÇAISE,

DIVISÉ EN TRENTE-DEUX LEÇONS.

PAR J. M. D. DE M-C,

Auteur de l'*Essai sur l'Education, ou Manuel des Institu-
teurs et des Pères de famille.*

Quand on parle à des Enfans, il y a une mesure
de connaissances à laquelle on doit se borner, parce
qu'ils ne sont pas capables d'en recevoir davantage.
LHOMOND.

A PARIS,

Chez RAPET, Commissionnaire en Librairie,
rue St.-André-des-Arts, n°. 41.

DE L'IMPRIMERIE DE A. BELIN.
1816.

# EXPLICATION

*Sur la Prononciation de quelques lettres affectées ou d'un petit tiret (-), ou d'un point (·) placé au-dessus ou au-dessous.*

c.... signifie qu'il a le son dur de *g* , comme dans *second*, que nous écrirons *second*.

g̅g ........ que le premier a le son dur, comme dans *agglutiner*, que nous écrirons *a̅gglutiner*.

h̠ ........ qu'il est aspiré, comme dans *héros*, que nous écrirons *h̠éros*.

l̠l......... que le premier sonne, comme dans *illustre*, que nous écrirons *il̠lustre*.

l̤l̤ ......... qu'ils doivent se mouiller dans la pro-nonciation, comme dans *famille*, que nous écrirons *famil̤le*.

m̠m ....... ⎰ que le premier doit sonner, comme
n̠n ....... ⎱ dans *emmené*, *annexe* , que nous écrirons *em̠mené*, *an̠nexe*.

p̄ ........ qu'il doit être prononcé, comme dans *septembre*, que nous écrirons *sep̄-tembre*.

r̠r.......... que le premier doit sonner, comme dans *irréligion*, que nous écrirons *ir̠réligion*.

*ti* ... signifie que le *t* prend le son doux du *c* et doi
se prononcer *ci*, comme dans *ambi
tieux*, que nous écrirons *ambitieux*.

*x* ......... qu'il doit se prononcer *gze*, comme
dans *exact*, que nous écrirons *exact*.

*gua* .......
*gui* ........
*qua* ........
*que* ........
*qui* ........

{ que ces syllabes doivent se prononcer
*goua*, *gui*; *koua*, *kué*, *kui*, comme
dans *alguasil*, *aiguille*; *équateur*,
*équestre*, *équitation*, que nous écrirons *alguasil*, *aiguille*; *équateur*,
*équestre*, *équitation*.

# SYLLABAIRE CLASSIQUE.

## PREMIÈRE LEÇON.

*Voyelles longues.*

â ê î ô û.

*Voyelles brèves.*

a é i y o u.

*Différentes sortes d'é.*

ê è é e.

*Consonnes.*

b c d f g h j k l m n p q

r s t v x z.

*Alphabet.*

a b c d é f g h i j k l m n

o p q r s t u v x y z.

1

# DEUXIÈME LEÇON.

*Alphabets en différentes sortes de Lettres.*

On appelle *Alphabet*, le recueil de toutes les Lettres d'une langue, rangées selon l'ordre établi dans cette langue.

*Lettres majuscules romaines.*

# ABCDEFGHIJKLMN OPQRSTUVXYZ.

*Lettres minuscules manuscrites anglaises.*

*abcdefghijkllm nopqrſstuvxyz.*

*Lettres minuscules manuscrites françaises.*

a b b c d d e f f ff g

h h i j k l l m m n u

o p p q r v s s a t

u v v x y y z z .

*Lettres majuscules manuscrites.*

A A B C D D

E F G H I J K L

M N O P P Q R

S T U V X Y Z

# TROISIÈME LEÇON.

*Assemblage irrégulier de lettres.*

# QUATRIÈME LEÇON.

*Assemblage régulier de Consonnes et Voyelles.*

| | | | | | | | |
|---|---|---|---|---|---|---|---|
| Ba | bê | bè | bé | be | bi | bo | bu |
| Ca | cê | cè | cé | ce | ci | co | cu |
| Ça | » | » | » | » | » | ço | çu |
| Da | dê | dè | dé | de | di | do | du |
| Fa | fê | fè | fé | fe | fi | fo | fu |
| Ga | gê | gè | gé | ge | gi | go | gu |
| Ha | hê | hè | hé | he | hi | ho | hu |
| Ḥa | ḥê | ḥè | ḥé | ḥe | ḥi | ḥo | ḥu |
| Ja | jè | jè | jé | je | ji | jo | ju |
| Ka | kê | kè | ké | ke | ki | ko | ku |
| La | lê | lè | lé | le | li | lo | lu |
| Ma | mê | mè | mé | me | mi | mo | mu |
| Na | nê | nè | né | ne | ni | no | nu |
| Pa | pê | pè | pé | pe | pi | po | pu |
| Qua | quê | què | qué | que | qui | quo | qu |
| Qụa | » | » | qụé | » | qụi | » | » |
| Ra | rê | rè | ré | re | ri | ro | ru |
| Sa | sê | sè | sé | se | si | so | su |
| Ta | tê | tè | té | te | ti | to | tu |
| Va | vê | vè | vé | ve | vi | vo | vu |
| X̱a | x̱ê | x̱è | x̱é | x̱e | x̱i | x̱o | x̱u |
| Xa | xê | xè | xé | xe | xi | xo | xu |
| Za | zê | zè | zé | ze | zi | zo | zu |

# CINQUIÈME LEÇON.

*Assemblage irrégulier de Consonnes et Voyelles.*

| | | | | | | | |
|---|---|---|---|---|---|---|---|
| Rè | fu | di | ké | no | que | pi | sa |
| Bé | xi | nè | do | fa | su | je | hê |
| Gi | vè | té | ba | lo | gê | nu | me |
| Quê | sa | ji | gu | dé | co | be | pé |
| Xa | te | vo | hi | bu | lé | cè | fê |
| Lè | ré | ma | ce | vi | pu | go | bê |
| Jo | du | bè | tê | ca | ke | fi | xé |
| Zé | qu | le | pa | mo | bi | ke | nê |
| Cu | mê | ra | sè | xe | fo | qué | ki |
| Se | po | cê | qui | mé | ja | ru | ça |
| Da | jé | zi | xe | ge | sê | mè | ro |
| Vê | ci | ga | zu | re | xè | ho | tu |
| Tè | ka | çu | xo | pê | vû | li | cé |
| Ni | zê | so | fé | què | ço | de | ta |
| Fc | bo | pè | mi | hu | na | xê | dè |
| Ha | gè | he | né | ti | jê | to | qua |
| Pe | lê | ku | hè | xu | gé | si | ze |
| Kè | ne | fè | la | ju | dè | hi | ko |
| Mu | hè | quo | va | kê | xa | zè | lu |
| Cu | rê | vé | jè | sé | xa | ve | zo |
| Qua | ha | xu | qui | hè | qué | he | xé |

# SIXIÈME LEÇON.

*Assemblage régulier et irrégulier de Voyelles et Consonnes.*

| | | | | | | | | | | | |
|---|---|---|---|---|---|---|---|---|---|---|---|
| Ab | eb | ib | ob | ub | yb | an | en | in | on | un | yn |
| ac | ec | ic | oc | uc | yc | ap | ep | ip | op | up | yp |
| ad | ed | id | od | ud | yd | aq | eq | iq | oq | uq | yq |
| af | ef | if | of | uf | yf | ar | er | ir | or | ur | yr |
| ag | eg | ig | og | ug | yg | as | es | is | os | us | ys |
| ah | eh | ih | oh | uh | yh | at | et | it | ot | ut | yt |
| aj | ej | ij | oj | uj | yj | av | ev | iv | ov | uv | yv |
| ak | ek | ik | ok | uk | yk | ax | ex | ix | ox | ux | yx |
| al | el | il | ol | ul | yl | ax | ex | ix | ox | ux | yx |
| am | em | im | om | um | ym | az | ez | iz | oz | uz | yz |

| | | | | | | | | |
|---|---|---|---|---|---|---|---|---|
| Ap | ox | um | yb | et | ih | ad | en | ur | ik |
| oc | ij | ec | ac | ul | op | im | os | az | ev |
| ut | or | il | on | ab | eq | yg | eh | ag | id |
| ej | up | ax | ed | in | ob | aj | uk | iq | al |
| eg | eb | is | us | iv | od | uz | og | uc | yn |
| oj | an | uq | ol | av | ub | ir | ez | as | ef |
| oh | ic | ud | it | ep | ym | of | ac | ug | ix |
| am | ok | ux | er | af | uj | ib | es | oq | un |
| el | ah | ov | iz | em | ot | ak | uv | ys | ip |
| if | ex | om | ar | uh | ok | ax | uf | at | ek |

# SEPTIÈME LEÇON.

*Résumé des six Leçons précédentes,*

o u

Mots simples de deux, trois, quatre, cinq
et six Syllabes, formées d'une Voyelle et
d'une Consonne, ou d'une Consonne et
d'une Voyelle.

## PREMIÈRE PARTIE.

*Mots simples de deux Syllabes.*

Ab·bé, ac·te, à·ge, A·ga, Ag·de, Al·be,
a·me, am·be, a·mi, â·ne, an·ge, An·ne,
an·se, a·pi, ap·te, a·re, ar·me, a·vé, a·xe.
Ba·se, bâ·té, bâ·ti, ba·ve; bé·at, bê·te;
bi·le, bi·se; bo·bo; bu·re, bu·se, bu·te.
Ca·di, ca·fé, ca·le, ca·ne, ca·pe, ca·se,
ca·ve; ce·ci, ce·la, cè·nc; ci·me, ci·re,
ci·té, ci·ve; co·co, co·de, côté, côte;
cu·be, cu·ré, cu·re, cu·ve. Da·da, da·me,
da·te; de·çà, dé·çu, dé·fi, dé·jà, de·mi,

dé·ni; dì·me, di·re; do·do, do·du, *Do·eg,*
do·ge, dô·me, do·ré, do·se, do·té; du·el,
du·ne, du·o, du·pé. É·cu, El·be, el·le,
é·mu, en·te, é·pi, è·re, é·té, er·go. Fa·ce,
fa·de, fà·mé, fa·né; fé·al, fê·lé, fè·te,
fé·tu, fè·ve; *fi·at,* se fi·er, fi·lé, fi·ni,
fi·xé; fo·que; fu·mé, fu·té. Ga·ge, ga·la,
ga·le, ga·re, gâ·té, ga·ze; ge·lé, gê·ne;
gì·te; Go·a, go·go. Ha·ha, hà·le, hâ·lé,
ha·ro, ha·ze, hâ·te, hà·ve; Hé·bé, hère;
hi·e; ho·là, hô·te; hu·er, hu·ne, hu·re.
I·ci, î·le, im·bu, in·du, *in·né,* I·no,
I·o, i·re, is·su. Ja·va; Jé·hu, je·té;
*Jo·ab,* jo·li; ju·gé, ju·pe, Ju·ra, ju·ré;
La·me, la·vé; Lé·da, lé·sé, le·vé, li·ce,
li·e, *li·en,* li·er, li·me, li·on, li·re; lo·ge,
lo·ti; lu·ne, lu·xe; ly·re. Ma·ge, mà·le,
ma·re, ma·ri; mê·lé, mè·me, me·nu,
mè·re; mi·di, mi·e, mi·me, mi·ne, mi·ré,
mi·se, mi·te; *Mo·ab,* Mo·ca, mo·de,
mô·le; mu·er, mu·et, mu·le, mu·ni,
mû·re, mu·ré, mu·se. Ni·ce, ni·er; no·ce,
no·ne, no·ta, no·te, no·té; nu·e, Nu·ma.

O·by, o·de, on·de, on·ce, on·ze, or·be, or·ge, or·me, or·né, o·sé, ô·té. Pa·ge, pâ·le, pâ·mé, pa·pa, Pape, pa·ré, pa·ri, pâ·te, pa·vé; pe·lé, pê·ne, pè·re, pe·sé; pi·e, pi·lé, pi·pe, pi·que, pi·re; pô·le, po·li, po·re, po·sé; pu·ce, pu·er, pu·ni. Qua·si; quê·te. *Ra·ab*, ra·ce, ra·de, ra·ge, râ·le, ra·me, râ·pé, ra·re, ra·sé, ra·te, ra·ve, ra·vi; re·çu, ré·el, rê·ne, rê·ve; ri·dé, Ri·ga, ri·me, ri·re, ri·vé, ri·ve; ro·be, rô·le, Ro·me, ro·sé, ro·se, rô·ti; ru·de, ru·e, ru·er, ru·se. Sa·ge, sa·le, sa·lé, sa·pe, Sa·xe; se·mé, sè·me, sé·né, sê·ve, se·xe; *Si·am*, si·re, si·te; so·fa, so·le, so·lo; su·er, sû·re, su·re, Su·ze. Ta·ge, ta·pe, ta·pé, ta·re, ta·ré, ta·ri, tâ·té, ta·xe; te·nu, tê·tu, tê·te; ti·ge, ti·ne, ti·ré; to·ge, tô·le, to·me, to·que; tu·be, tu·er; ty·pe. U·ne, u·ni, ur·ne, u·sé. Va·se; ve·lu, ve·nu, vê·tu, ve·xé, vé·to; vi·ce, vi·de, vi·e, vi·le, vi·ol, vi·sa, vi·sé, vî·te, vi·ve; vo·lé, vo·mi, vo·te; vue. Za·ni; zè·le, zé·lé, zé·ro; zô·ne.

# IIe. PARTIE.

*Mots simples de trois Syllabes.*

A·bê·ti, a·bo·li, ab·so·lu, a·bu·sé, a·by·me, ac·co·lé, ac·cu·sé, a·cé·ré, a·ci·de, Ac·té·on, ac·tu·el, ac·ti·ve, Ad·mè·te, a·é·ré, af·fi·dé, a·f·fo·lé, a·ga·cé, a·gi·le, a·gi·o, a·hu·ri, al·ca·de, Al·ci·de, al·co·ve, a·lê·ne, a·li·bi, a·li·té, a·li·sé, al·ka·li, al·lé·ge, al·lé·gé, al·li·er, al·lu·re, *a·lo·ès*, a·lo·se, al·té·ré, am·bi·gu, a·me·né, a·mu·sé, a·ni·mé, an·né·es, an·ne·xé, An·té·e, a·or·te, ap·pe·lé, A·ra·be, ar·bo·ré, ar·ca·de, a·rè·ne, a·rê·te, ar·rê·té, ar·gi·le, ar·gu·er, *A·ri·en,* A·ri·on, *A·ri·us,* ar·mé·e, ar·tè·re. a·si·le, as·si·du, as·tu·ce, at·te·lé, at·ti·sé, a·va·re, a·vé·ré, a·vi·li, a·zu·ré, a·zy·me. Ba·bi·ne, ba·li·se, ba·na·le, ba·na·ne, Ba·si·le, ba·sa·né, ba·za·ne ; bé·ni·e, be·sa·ce ; bi·pè·de, bi·ri·bi, bi·tu·me ; bo·bi·ne, Bo·hê·me, bo·na·ce ; bu·é·e. Ca·ba·le, ca·ba·ne, ca·ca·o, ca·ho·té, ca·li·fe, Cana·da, ca·na·pé, ca·ni·ne, ca·po·te, carê·me, ca·vi·té; Cé·ci·le, cé·du·le, cé·leri, ce·ri·se, cé·su·re; ci·ru·re, ci·se·lé; Co·cy·te, co·lè·re, co·lo·ré, co·lu·re, co·mè·te, co·mi·té, co·pi·e; cu·ri·on, cu·vé·e; Cy·bè·le. Da·nu·be, Da·na·é; dé·ca·de, dé·ci·mé, dé·co·ré, dé·da·le, dé·es·se, dé·is·me, dé·lu·ge, dé·mâ·té, dé·mo·li, dé·pu·té, dé·ra·té, de·si·ré, dé·so·lé, dé·te·lé, dé·vo·lu, dé·vo·ré; Di·a·ne, di·gé·ré, di·ri·gé; do·ci·le, domi·no, do·ru·re; du·ré·e, du·re·té. E·aque; é·ba·hi, é·bè·ne, é·co·le, é·cu·me, é·di·le, ef·fa·cé, é·ga·ré, E·gé·e, é·gi·de, é·mi·er, em·me·né, em·pi·re, en·co·re, en·dê·vé, en·di·ve, É·né·e, *en·ne·mi*, en·ra·gé, en·tê·té, en·va·hi, É·o·le, é·pé·e, é·pi·ce, é·pi·ne, équité, E·ra·to, er·mi·te, er·ra·ta, E·so·pe, es·pa·ce, es·pè·ce, esti·me, é·ta·pe, é·tu·ve, é·va·sé, e·xi·lé, ex·cu·se, ex·pi·er, ex·ta·se. Fa·ça·de, fa·ci·le, fa·go·té, fa·ri·ne, fa·ta·le, fa·vo-

ri ; fé·cu·le, fé·dé·ré, fé·ro·ce, fé·ru·le,
fé·ti·de; fi·cè·le, fi·ce·lé, fi·gu·re, fi·li·al,
fi·na·le, fi·xi·té; fo·li·o; fu·ri·e, fu·sé·e.
Gé·ri·on, ga·ba·re, ga·lè·re; Gé·dé·on,
gé·li·ne, ge·nè·se, gé·ni·e; gi·ra·fe. Hé·
bé·té, Hé·ca·te, Hé·cu·be, hé·gi·re, Hé·
lè·ne, Hé·ro·de ; Ho·mè·re, ho·no·ré,
ho·ri·on ; hu·é·es, hu·mi·de; hy·so·pe.
I·ca·re, i·dé·al, i·di·ot, i·do·le, ig·né·e,
I·li·on, i·o·ta, im·bi·bé, i·mi·té, im·pu·
té, in·di·ce, in·di·go, in·fu·sé, in·gé·nu,
in·ju·re, *in·no·mé*, in·sé·ré, in·ti·me,
I·o·le, ir·ri·té, I·sa·ac, I·sè·re, i·so·lé,
is·su·e, I·xi·on. Jé·ho·va ; jo·li·et, Jo·
su·é, jo·vi·al; ju·bi·lé, ju·ju·be. Ka·da·li,
ka·zi·ne ; Ki·an·si, ki·os·que. La·cu·ne,
la·gu·ne, La·to·ne, la·vu·re, La·za·re;
Lé·ar·que, lé·gè·re, lé·si·ne, lé·vi·te ;
li·ci·te, li·on·ne, li·sé·ré, li·u·re; lo·ca·ti,
lo·ri·ot, Lo·zè·re ; lu·bi·e, Lu·ci·ne,
lu·xu·re; Ly·ca·on, ly·cé·e. Ma·gi·e,
ma·la·de, Ma·la·ga, ma·nè·ge, ma·nu·el,
ma·ri·né, ma·su·re, ma·xi·me; Mé·dé·e,

Mé·du·se, Mé·gè·re, mé·lè·ze, mé·ri·te ; mi·nu·te, mi·sè·re ; mo·dè·le, mo·dé·ré, mo·mi·e, mo·ra·le ; mu·tu·el, *mu·sé·um*, mu·si·que ; my·o·pe. Na·pé·es, na·ri·ne, na·tu·re, na·vi·re ; né·go·ce, Né·ré·e ; Ni·ni·ve, ni·ve·lé ; *no·ni·us*, no·ti·ce ; nu·an·ce, nu·di·té, nu·é·e, nu·mé·ro. O·bé·ir, o·bo·le, ob·sé·dé, ob·vi·er, oc·cu·pé, O·cé·an, oc·ta·ve, of·fi·ce, o·li·ve, o·pé·ra, *o·pi·at*, *o·pi·um*, or·bi·te, or·du·re, or·ga·ne, O·ri·on, or·tie, o·va·le. Pa·go·de, pa·na·de, pa·ru·re, pâ·ture ; pé·cu·le, pé·da·le, Pé·ga·se, Pé·lé·e, pe·lo·te, pe·lu·re, pé·ta·le, pe·ti·te ; Pi·la·de, pi·lo·ri, pi·lo·te, pi·lu·le, pi·qû·re ; po·ê·me, po·è·te, po·li·ce, po·ly·pe, po·te·lé ; pu·ré·e, pu·re·té. Qua·li·té ; quo·ti·té. Ra·ci·ne, ra·pa·ce, ra·pi·de, ra·sa·de, ra·vi·vé ; re·bu·té, ré·fu·ge, ré·gi·me, re·li·ef, re·mè·de, ré·sé·da, ré·si·du, ré·si·ne, ré·so·lu, ré·vé·lé, ré·vo·lu ; ri·gi·de, ri·go·le, ri·po·pé, ri·va·ge ; ro·sa·ce, ro·ti·e, ro·tu·le ; ru·a·de, ru·el·le,

ru·sé·e Sa·ca·de, sa·la·de, sa·la·ge, sa·le-
té, sa·li·ve, sa·lu·er, sa·me·di, sa·ti·re,
sa·ty·re, sa·va·te ; sé·an·ce, Sé·mé·lé,
sé·vè·re ; Si·ci·le, si·rè·ne, *Si·ri·us*, si-
ro·pé, si·ro·té; so·li·de, so·li·ve, so·na·te,
so·no·re; su·a·ve, Su·è·de; sy·no·de. Ta-
ci·te, ta·li·on, ta·ra·re; te·na·ce; ti·a·re,
ti·mi·de, ti·mo·ré, ti·sa·ne, Ti·vo·li; to-
pa·ze; tu·li·pe, tu·ni·que, tu·or·be. U-
ka·se, ul·cè·re, ul·cé·ré, u·ni·que, u·ni·té,
u·sa·ge, u·si·ne, u·si·té, u·su·el, u·su·re,
u·ti·le. Va·li·de, va·li·se, va·ni·té, va·ri·er;
vé·li·te, vé·na·le, Ve·ni·se, vé·ri·té, Vé-
su·ve; vi·ci·é, vi·gi·le, vi·sa·ge, vi·si·te,
vi·su·el, vi·va·ce ; vo·lu·me, vo·ra·ce.
Xa·ti·va ; Xi·lo·ca. Za·a·ra, Za·mo·re ;
Zé·li·e ; Zu·li·me.

---

## 3e. PARTIE.

*Mots simples de quatre Syllabes.*

A·ca·ci·a, ac·cu·mu·lé, a·co·ly·te, ad-

mo·né·té, a·do·ni·sé, af·fi·ni·té, al·ga·
ra·de, a·li·é·né, al·li·a·ge, al·lo·di·al,
al·vé·o·le, a·ma·zo·ne, a·mé·ni·té, a·na·
ly·se, a·né·an·ti, a·né·mo·ne, a·no·ny·me,
An·ti·go·ne, an·xi·é·té, ap·ti·tu·de, a·qua·
ti·le, ar·ba·lê·te, a·ri·et·te, A·ri·os·te,
ar·mo·ri·al, ar·ti·fi·ce, as·pé·ri·té, a·va·
ri·ce, a·ve·nu·e, a·xi·o·me; A·zé·li·a,
a·ze·ro·le. Ba·by·lo·ne, Ba·ta·vi·a; bé·né·
fi·ce, bé·né·vo·le; bi·ga·ra·de, bi·ga·
ru·re; bo·ni·fi·er, bo·ré·a·le; bu·co·li·
que. Ca·du·cé·e, ca·la·mi·té, Ca·mé·lé·on,
ca·mi·so·le, ca·ni·cu·le, ca·no·ni·al, ca·
pi·ta·le, ca·pu·ci·ne, ca·ra·bi·ne, ca·ra·
va·ne, ca·ri·ole, Ca·ro·li·ne, ca·se·ma·te,
ca·su·is·te, ca·ti·mi·ni; cé·no·bi·te, Cé·
sa·ré·e; ci·se·lu·re, ci·vi·li·té, Ci·li·ci·e;
co·a·gu·lé, co·mé·di·e, co·ri·a·ce; cu·pi·
di·té. Dé·ca·go·ne, dé·ci·ze·lé, dé·di·
ca·ce, dé·i·fi·er, Dé·ja·ni·re; di·as·to·le,
di·o·cè·se, Di·o·mè·de, di·vi·ni·té; do·
lé·an·ce, do·ma·ni·al; du·pe·ri·e. E·co·
no·me, é·di·fi·ce, é·di·fier, ef·fé·mi·né,

é·ga·li·té , é·lé·gi·e , el·lé·bo·re , l'E·ly-
sé·e, *Em·ma·nu·el*, em·pu·an·ti, En·cé-
la·de , En·dy·mi·on , en·ge·lu·re , en-
quê·te , en·sé·ve·li , E·o·lie , é·pi·so·de,
é·qui·ri·es , es·ca·pa·de , Es·cu·la·pe , es-
ta·ca·de, é·tu·di·er, é·va·cu·é, ex·pé·di·er,
ext·é·nué. Fa·ri·bo·le , fa·ta·li·té ; fé·li·ci-
té , fé·lo·ni·e , fé·mi·ni·ne , fé·ve·ro·le ;
fi·dé·li·té, fi·la·tu·re ; fu·gi·ti·ve, fu·ti·li·té.
Ga·le·ri·e , ga·li·o·te, Ga·ni·mè·de. Ha·bi-
tu·de ; hé·ré·di·té , Hé·ro·do·te , Hé·si·o-
de , he·xa·go·ne ; ho·mi·ci·de , ho·mo-
gè·ne ; hu·ma·ni·té , hu·mi·li·er. I·am·bi-
que , I·da·li·e , i·di·o·me , il·li·ci·te, il-
lu·mi·né , im·pé·ri·al , in·fa·tu·é , i·no-
cu·lé , in·si·pi·de , i·nu·si·té , i·nu·ti·le ,
ir·ré·so·lu, I·si·do·re , Is·mé·nie , I·ta·li·e.
Ja·co·bi·te , ja·ve·li·ne ; ju·ri·di·que. Ka·
mi·ni·ek ; ky·ri·el·le. La·co·ni·que , La-
po·nie ; lé·gi·ti·me ; li·ga·tu·re, li·qué·fi·er,
li·qui·di·té ; lo·qua·ci·té ; lu·na·ti·que.
Ma·ca·ro·ni , ma·jo·ri·té , ma·lé·fi·ce , ma-
ni·a·que , ma·ta·mo·re , ma·te·lo·te ; mé-

ca·ni·que , mé·de·ci·ne , mé·na·gè·re , mé·té·o·re ; mi·no·ri·té ; mo·di·fi·er, mo·lé·cu·le , mo·no·po·le, mo·no·to·ne ; mu·ci·la·ge. Na·ta·li·e, na·ti·vi·té ; né·ga·ti·ve ; Ni·co·dè·me , Ni·co·mè·de ; no·vi·ci·at ; nu·mé·ri·que. Of·fi·ci·al, of·fi·ci·er, o·pa·ci·té , op·po·si·te , or·ga·ni·sé , o·ri·fi·ce , o·ri·gi·ne, o·vi·pa·re. Pa·ci·fi·er, pa·la·ti·ne, pa·ra·bo·le, pa·ra·si·te, pa·ra·do·xe ; Pé·né·lo·pe ; po·é·si·e, po·é·ti·que, po·li·ti·que, po·ly·go·ne, po·pu·la·ce ; pi·co·ré·e , pi·lo·ri·er ; pu·di·ci·té ; py·ra·mi·de. Qua·li·fi·er, qua·si·mo·do, qui·é·tu·de. Ra·ré·fi·é , ra·ta·ti·né , ra·vi·go·te ; ré·a·li·té, re·bu·fa·de, ré·ci·di·ve, ré·ga·la·de, ré·gi·ci·de, ré·i·té·ré, ré·si·li·er, ré·us·si·te ; ri·di·cu·le, ri·va·li·té. Sa·ga·cité, Sa·la·mi·ne, Sa·ma·ri·e ; sé·cu·ri·té, sé·ré·na·de ; si·ba·ri·te, Si·lé·si·e ; so·li·tu·de ; su·i·ci·de ; sy·co·mo·re , sy·no·ny·me, Sy·ra·cu·se, sy·zi·gi·e. Té·lé·ma·que, té·mé·ri·té ; ti·re·li·re ; to·ta·li·té. U·na·ni·me, U·ra·ni·e, Ur·ba·ni·té, u·to·pi·e. Va·ri·an·te ; vé·hi·cu·le , vé·ne·ri·e ;

vi·a·ti·que, vi·ca·ri·at, vi·du·i·té, vi·le-
ni·e, vi·va·ci·té ; vo·la·ti·le. Zi·za·ni·e,
zi·be·li·ne ; zo·di·a·que.

---

## 4e. PARTIE.

*Mots simples de cinq et six Syllabes.*

Af·fa·bi·li·té, am·bi·gu·i·té, an·gi·o·lo·
gi·e, an·ti·qui·té, a·ré·o·pa·ge, ar·ti·fi·
ci·el·le, as·si·du·i·té. Ba·ri·o·la·ge ; bé·a·
ti·tu·de, bé·né·di·ci·té. Ca·pi·lo·ta·de,
ca·ri·a·ti·de, ca·va·le·ri·e. Dé·ma·go·gi·e,
*dé·su·é·tu·de* ; do·mi·ci·li·é ; du·ri·us·cu·le.
E·lé·o·no·re, E·leu·si·ne, éli·gi·bi·li·té,
en·lu·mi·nu·re, *en·né·a·go·ne*, E·pi·me·
ni·de, é·qui·la·tè·re, é·qui·no·xi·al, es·
ta·fi·la·de, é·ty·mo·lo·gi·e ; e·xi·gu·i·té.
Fé·o·da·li·té. Gé·né·a·lo·gie, gé·né·ro·
si·té. Hé·li·o·ga·ba·le, hé·ré·si·ar·que. Il·
lé·gi·ti·me, *im·mo·bi·li·té*, im·pé·tu·o·
si·té, in·dé·lé·bi·le, in·di·vi·du·el, in·fé-

ri·o·ri·té, in·vi·si·bi·li·té, is·ra·é·li·te. Ju·di·ca·tu·re; jé·ré·mi·a·de. La·cé·dé·mo·ne; Ly·ca·o·ni·e. Mi·né·ra·lo·gi·e ; Mo·no·é·mu·gi, Mo·no·mo·ta·pa; mu·ni·ci·pa·li·té, mu·ti·ne·rie ; my·o·lo·gi·e. No·to·ri·é·té. O·bé·di·en·ce , o·ri·gi·na·li·té. Pa·li·no·di·e, pa·ra·ly·ti·que , pa·te·li·na·ge; pé·da·go·gi·e; pi·ra·te·ri·e. Ri·si·bi·li·té. Sé·cu·la·ri·sé, Sé·lé·u·ci·e, sé·na·to·ri·al, se·xa·gé·si·me; si·mi·li·tu·de, si·mo·ni·a·que, si·nu·o·si·té; su·pé·ri·o·ri·té. Tu·bé·ro·si·té. Va·lé·ri·a·ne; vé·gé·ta·ti·ve, vé·lo·ci·fè·re; vo·lu·bi·li·té. Zo·di·a·ca·le, zo·o·lo·gi·e.

# HUITIÈME LEÇON.

*Syllabes et Monosyllabes, composés d'une Voyelle et de deux Consonnes.*

*Abs, ach,* acs, act, als, alt, amp, *ams,* anc, and, ang, ans, ant, *aph,* aps, Apt, arc, ard, arn, ars, art, ast, ath, âts, ats. Ecs, ect, eds, efs, egs, ell, els, emp, ems, end, eng, ens, ent, eph, eps, ept, erc, erd, erf, erg, ers, ert, est, êts, ets, etz. *Ich,* ics, ict, ids, ifs, ils, inc, ing, inq, *ins,* int, inx, irs, isc, ist, its, itz. *Obs,* och, ocs, ols, omb, omp, oms, onc, ond, ong, ons, ont, *oph,* ops, orc, ord, orf, orp, oqs, ors, ort, ost, oth, ots. Ubs, ucs, uds, ufs, ulm, uls, ult, ums, uns, unt, uqs, urc, urg, urs, usc, ust, uts. Ymp, ynx, yss, yth.

# NEUVIÈME LEÇON.

*Syllabes et Monosyllabes composés de deux Consonnes suivies d'une Voyelle.*

Bla, blă, ble, blé, *blê*, bli, *blo*, *blu*, bly; bra, bre, bré, *brè*, bri, *bro*, bru, *brû*. Cha, *châ*, che, ché, *chê*, chi, cho, chu, chy; cla, cle, clé, *clè*, *cli*, *clo*, *clô*, clu; cra, cre, cré, *crè*, *crê*, cri, *cro*, cru, *crû*, *cry*. Dra, dre, dré, dri, *dro*, *drô*, dru, *dry*. Fla, fle, flé, *flè*, *fli*, *flo*, flu, *flû*; fra, fre, *frè*, *fré*, fré, *fri*, *fro*, *fru*. *Ghé*, ghi; gla, gle, glé, *glè*, *gli*, *glo*, glu, gly; gna, gne, gné, gni, *gno*, gny; gra, gre, gré, *grê*, gri, *gro*, gru. *Mné*. Pha, phe, phé, *phè*, *phê*, phi, pho, *phy*; pla, *plâ*, ple, plé, pli, *plo*, *plu*; pra, pre, pré, *pré*, pri, *pro*, *pru*, *pry*; *psa*, *pso*, *psy*; *pti*, *pto*. *Rha*, rhe, rhé, *rhi*, rho, *rhô*, rhu. *Sbi*; *sca*, *scé*, *scè*, *sci*, *sco*, *scu*, *scy*;

*shé; sla, slé; smi; spa, spé, spi, spo;*
*squa, squa, sque, squi; sta, sté, sti, sto,*
*stu, sty.* *Tha,* the, thé, *thè, thê, thi,*
*tho, thu, thy;* tra, tre, tré, *trè, trê,* tri,
tro, tru, try. Vra, vre, vré, *vri, vro.*

# DIXIÈME LEÇON.

*Syllabes et Monosyllabes composés d'une Voyelle entre deux Consonnes.*

Bab, bac, *bag*, bal, *bam*, ban, *bap*, bar, bas, bat, bât; bec, bel, *ben*, ber, bes, bés, bet, bez, bex; bic, *bif*, bil, bin, bir, bis, bit; bol, *bom*, bon, bor, bos, bot; *buc*, *buf*, *bul*, bum, bun, *bur*, bus, but; *byl. Caf*, cal, *cam*, can, cap, car, cas, ças, cat, çat; cel, *cem*, *cen*, cep, cer, ces, cés, cès, cet; cid, cif, cil, *cim*, cin, cir, cis, cit; cob, cof, col, *com*, con, çon, cop, coq, cor, cos, cot; cul, cun, cur, cus, çus, cut, çut; *cym. Dac*, dad, dal, dam, dan, *dap*, dar, das, dat, dax; del, dem, den, *dep*, der, des, dés, dès, det, dex, dez; dic, dif, dig, *dil*, din, dir, dis, dit, dix; doc, *dog*, dol, dom, don, *dop*, dor, dos, dot; duc, *dul*, dun, dur, dus,

dut; *dyl, dys.* Fac, *fal,* fan, *far,* fas,
fat; fec, *fem, fen,* fer, fes, fés, fès,
fet, fez; fic, fil, fin, fis, fit, fix; fol,
fon, *for, fos,* fox; *ful,* fum, *fun, fur,*
fus, fut, fût. Gal, *gam,* gan, gap, gar,
*gas,* gat, gât, gaz; gel, *gem,* gen, ger,
ges, gés, gex, gez; *gib,* gil, gin, gir, gis,
git, gît; gol, *gom,* gon, gor, gos, got; *gua,*
gua, gue, gué, *guè, gué,* guê, *gui,* gui, *gul,*
gus, *gut; gyp.* Hac, *hal,* ham, han, *hap,*
har; hec, *hel,* hem, *hen, hep, her,* hes ;
hic, hin, *hip,* hir, his, hit; hoc, hol,
*hom,* hon, *hor,* hos, hot; *hum, hup, hur,*
hut; *hyr, hys.* Jac, jaf, *jam,* jan, *jap,*
*jar,* jas, *jat,* jax; *jec,* jet; job, jol, jon,
jor, joz; juc, *jun,* jus. Kan; *ker;* kin,
kir; kur; *kys.* Lac, *lam,* lan, lap, lar,
las, lat, làt, lax, *laz;* leb, lec, lem, *len,*
lep, ler, les, lés, lès, let, lez; lic, lid, *lil,*
lim, lin, *lip,* lir, lis, lit, lix; loc, lof, lok,
*lom,* lon, lop, lor, los, lot; luc, lun,
*lup, lur,* lus, lut, lux; *lym, lys.* Mac,
maf, mal, man, mar, mas, mat, mât;

mel, *mem*, men, mer, mes, més, mès, met, mez; *mic*, mil, min, mir, mis, mit, mît, *mix*; mol, mon, *mor*, mos, mot; mud, *muf*, *mul*, mun, mur, mûr, mus; *myg*, *myr*, *mys*. Nac, *naf*, nal, *nam*, nan, nap, *nar*, nas, nat, nât, nax; *nec*, nef, nel, *nen*, *nep*, ner, nes, nés, net, nêt, nez; nic, nid, nif, *nig*, nil, *nim*, nin, *nip*, nir, nis, nit, nix; noc, nom, non, nor, nos, not; nul, nus, nut, nût; *nym*, nys, nyx. *Pac*, pal, *pam*, pan, par, pas, pat, pât; *pec*, pel, *pen*, per, pes, pés, pet; pic, *pif*, *pim*, pin, pir, pis, pit; *pol*, *pom*, pon, *por*, pos, pot, pôt, *poz*; *pul*, pur, pus, put, pût; *pyg*, *pyr*. Quam, *quan*, quan, *quar*, *quar*, quas, quat, quât, quel, *quen*, *quer*, quer, ques, qués, quet, quêt ; quif, qu'il, *quil*, *quim*, *quin*, quin, *quis*, quis, quit; qu'on; qu'un. *Rab*, rac, *raf*, ral, *ram*, ran, *rap*, ras, rat, rax ; *rec*, rel, rem, *ren*, *rep*, rer, res, rés, rès, ret, rêt, rez; ric, rif, ril, rin, rir, ris, rit, rix, riz; rob,

roc, *rom,* ron, rop, ros, rot, rôt; ruf,
*rup,* rus, rut; rys. *Sab,* sac, sal, *sam,*
san, sar, sas, sat; sec, sel, sem, *sen, sep,*
ser, ses, sés, set, sex, sez; *sic,* sif, sil,
*sim,* sin, *sip,* sir, sis, sit, six; soc, sol,
*som,* son, sor, sot; *sub,* suc, sud, *suf,*
*sug,* sul, *sup,* sur, sûr, sus; *syl, sym,*
*syn, syr, sys.* Tac, *taf,* tal, tam, tan,
tar, tas, tat, tàt; tel, tem, *ten,* ter, tes,
tés, tet, tèt, *tex,* tez; tic, tif, til, *tim,*
tin, *tip,* tir, tis, tit; toc, *tof, tol, tom,*
ton, *top,* tor, *tos,* tot, tôt; tuf, *tul,*
tum, tun, tur, tus, tut; *tym,* tyr, tys.
Vac, val, *vam,* van, var, vas, vat, vât;
vec, vel, *ven,* ver, ves, vés, vet, vêt,
vez; *vic,* vid, vif, vil, vin, vir, vis, vit,
vît; vol, von, vos, vot, vôt; *vul,* vus,
vut. *Xac, xal,* xal, *xan,* xan, *xar, xas;*
xel, *xem,* xer, *xer,* xez, xes; xil, *xil,*
xin, xir, xis, *xis; xha, xhé, xhi, xhu;*
xon, *xor,* xos, *xos; xul.* Zac, zag, zan,
zar, zas, zat; zel, zem, zes, zés; zig, zin;
zof, zon; zur.

# ONZIÈME LEÇON.

## *Résumé des huitième, neuvième et dixième Leçons,*

### o u

Mots dans lesquels se trouvent les différentes Syllabes finales et non-finales des
trois Leçons précédentes.

A·a·ron, ab·sin·the, abs·ti·nen·ce,
*Ach·met,* il·ad·met, Ams·ter·dam, *A-*
*·dam,* ad·jec·tif, ans·pes·sa·de, ath·lè·te,
A·bel, a·lam·bic, a·bus, aph·te, *arc·ti-*
*que,* a·vo·cat, al·co·hol, A·mil·car, a·
min·cir, a·bri·cot, a·dap·ter, An·dré,
at·ten·dri, A·le·xan·dre, af·fût, a·co·nit,
an·gle, A·gen, *am·be·sas, Ar·gus,* A·
bra·ham, A·jax, A·lep, a·mol·lir; A·lix,
ar·rhé, al·gua·sil, a·lun, a·myg·da·les,
a·na·nas, as·sas·si·nat, *ar·se·nic,* a·nis,
*A·do·nis,* ap·pât, as·pic, *A·pis, A·tro-*
*pos,* ac·quêt, *ab·do·men,* ar·le·quin ,

A·le·xis, ac·quit, *Ar·ras*, a·ga·ric, a·bat·tis, al·bum, *an·gé·lus*; as·sez, ar·til·le·rie, A·tha·lie, As·tol·phe, *A·tys*, at·ti·fet, a·vec, *a·le·zan*, a·zur, A·gra, *Al·ger*, A·ost, af·fa·dir, A·zof, ac·ca·blé, an·gli·can, a·dop·té, il a·git, at·ta·qués, il ap·pa·rut, a·che·vez, les a·xes, Ar·zel, a·qua·ti·que, la cô·te d'A·bex, A·ron·del, a·dos·ser, tu a·mas·ses, ap·pé·tit, tu an·non·ças, a·lon·gés, at·tra·pés, Ab·ner. Ba·quet, il bé·nit, Bag·dad, bam·bin, ban·nir, bap·tis·mal, bap·ti·ser, bas·ques, bas·son, bif·fez, ber·ner, bé·mol, bis·co·tin, *bal·sa·mi·que, ba·bil*, bre·bis, bom·bar·der, bon·net, bor·gne, bos·se·man, *Ben·ja·min*, bot·ti·nes, buf·fle, bul·le·tin, bus·quer, bo·cal, brè·che, *blo·cus, bel·vé·der*, bi·det, Bel·phé·gor, *Bur·gos*, ba·hut, be·nêt, brû·lot, ba·si·lic, blê·mir, bo·rax, *ba·ril*, bi·set, bla·son, Bré·sil, Bru·tus, bi·vac, Bal·zac, Ba·zas, ba·zar, bé·zo·ard, bon·zes, ba·cha, Bé·arn, bil·lot, il ba·la·fra, *Bru-*

*xel·les* , bol·zas , blâ·mer , bé·quil·le ,
Be·san·çon , bas·set , bil·le·ve·sé·e , Ban-
tam , tu bif·fas. Cé·ans , ca·bri , cri·ard ,
ca·bas , ca·bes·tan , caf·fre , cal·cul , cam-
pa·nil·le , *cancer* , Cel·tes , cen·su·rer ,
ca·ril·lon , ces·te , chê·ne , Chy·pre ,
clô·tu·re , cof·fré , com·pen·di·um , col-
lé·gue , cor·don , cor·ri·dor , cos·mo·gra-
phi·e , crû·e , cha·cun , cym·ba·le , *Ca-*
*dix* , ca·duc , Con·dom , ca·li·fat , cru·ci-
fix , ca·got , ca·hot , *Cu·jas* , cho·co·lat ,
Ca·leb , cro·quis , châ·lit , co·que·mar ,
*che·nil* , cli·mat , com·mun , com·bat ,
Chi·non , ca·mus , Co·per·nic , je con-
nus , crête , Ci·sal·pin , ché·vir , Cé·sar ,
tu ces·sas , cap·ti·ver , Cas·til·lan , ci·vil ,
col·zat , con·dam·né , Ca·pri , cil·ler , co-
los·sal , cer·clé , Clè·ves , con·gru , *cus-*
*to·di·nos* , can·cel , ca·ra·fon , ca·nif , il
con·nut , con·sul , ca·top·tri·que , des
co·cos , *le Cal·va·dos* , cor·nac , Can·da-
har , Cas·tro , Cha·bly , Cli·chy. Dom-
bes , dé·bit , *dé·fi·cit* , dac·ti·le , dé·ri·dés ,

Dal·ma·tie, dam·na·ble, Dar·da·nus, dat·te, dèn·tel·le, dé·co·rum, dé·sempli, dex·tre, dif·fus, dan·din, *dis·ci·ple*, dis·pos, drô·les·se, *Dun·ker·que*, défen·sif, dé·fun·te, dé·gât, dé·gel, di·van, don·jon, Dé·los, dor·mez, *De·nys*, docto·ral, dog·me, *des·sus*, *Da·vid*, de·vis, dé·vot, il de·vra, don·zel·le, dol·lar, dé·li·vré, Dro·ghé·da, *Da·mas*, du damas, dé·cri, dé·pra·vés, *dé·ben·tur*, déré·glé, di·a·pré, il dé·cu·pla, il dé·fit, dé·chu, dé·mon, dé·cem·bre, di·plo·ma·tie, Di·nan, tu dî·nas, qu'il dé·vas·tât. Es·co·bar, en·fin, il en·fla, é·lar·gir, E·gyp̄·te, ex·cȩ́·dez, é·nig·me, E·noc, é·pis·co·pal, es·quif, E·rix, en·tre·sol, *E·den*, é·ques·tre, es·sor, es·toc, qu'il é·le·vât, é·li·xir, e·xis·tan·te, el·lipse, en·har·dir, é·quar·ris·sa·ge, é·quer·re, *es·to·mac*, en·no·bli, en·cre, é·go·sil·ler, ex·clu·re, é·tof·fes, ex·trê·me, ex·pédi·ent, tu ex·cu·sas, e·xem·ple, e·xac·ti·tu·de, é·qui·an·gle, e·xas·pé·rer, e·xercer, e·xha·ler, e·xal·ter, e·xhé·ré·der, e·xhi·ber, e·xhu·mer, e·xor·de, e·xa·men, *ef·fen·di*, e·xos·to·se, e·xul·cé·rer, e·xar·que, e·xil, s'é·ba·hir, tu en·va·his, qu'il ex·pri·màt, é·pis·co·pat, en·tas·sés. Fri·and, il fon·dra, for·çat, fé·o·dal, fac·to·ton, en fal·si·fi·ant, fan·fan, far·cin, fem·me, fer·ret, fil·tré, fru·gal, Fla·vi·gny, *Fré·jus*, fa·kir, fol·le, frê·lon, *flo·rès*, fes·ses, fi·xer, flé·tri, flè·che, fli·pot, flû·te, frè·re, fus·ti·ger, fis·su·re, fas·ci·ne, fé·dé·rés, fu·tur, fa·mil·le, fan·tas·sin, fri·cot. Gé·ant, ga·gui, Gui·se, gym·na·se, *Go·li·ath*, gon·flé, gal·li·cis·me, gal·le, gin·gem·bre, il ga·gna, gom·me, Gas·con, Gus·ta·ve, gut·tu·ra·le, gen·ti·a·ne, gal·ba·num, ga·lop, gré·mil, guê·pes, guè·res, gar·rot, ga·zon, gla·pir, *gen·til·shom·mes*, gé·or·gi·ques, ga·vot·te, gib·bo·si·té, gué·er, ge·li·not·te, gri·efs, glè·be, de la gob·be, gam·me, *ci-gît*, gi·vre, gyp·se, gam·ba·des, Gua·dal·qui·vir, gil·le, Ghi·lan.

Han·gar, han·ne·ton, hal·le, ha·ras, har·pa·gon, Hen·ri·a·de, hen·nir, hel·lé·nis·te, hep·tar·chi·e, hym·ne, havre-sac, la Hol·lan·de, hot·te, hum·ble, hor·mis, hon·gre, hy·dro·mel, hu·gue·not, hé·ros, hi·ver, hos·po·dar, hy·men, Hel·vé·ti·e, Hy·a·des, Hec·tor, hys·te·ro·li·the, ha·nap. *I·bis*, in·dex, ins·tal·lé, in·té·rêt, im·pré·gné, in·co·gni·to, i·tem, *in·té·rim*, im·meu·ble, is·la·mis·me, ich·thy·o·lo·gi·e, i·dyl·le, i·man, im·pôt, in·gui·nal, in·fec·tés, *I·sis*, Is·pa·han, im·pur, in·hu·mer, *I·bra·him*, i·ni·ti·a·tif, ins·ti·tut, in·tes·tat, ir·ri·ta·ble. Ja·cob, *Ju·das*, jam·bon, ja·lap, Jé·ru·sa·lem, jap·per, jas·min, Jac·ques, Jé·sus, ja·dis, ja·lon, jar·gon, ja·bot, ju·ges, ju·mel·les, ju·rat, Jaf·fa. Kan·ton, ker·mès, ka·bak, *ka·len·der*. *Les·bos*, *Lu·cas*, la·cet, las·cif, li·col, lé·gat, lo·gis, li·las, Lions (ville), Lil·le, *Lom·bez*, lus·tu·cru, lin·gual, la·ba·rum, laz·zi, le Lé·thé, *Lu·ci·fer*, loc·man, Ly·sip·pe, lar·ron, li·gue, lar·ves, la·vis, le·quel, lu·xer, len·til·les. *Ma·ho·met*, tu me·na·ças, met·tez, mir·mi·don, Mat·thi·as, mar·ri, ma·la·dif, mas·tic, ma·gné·ti·ser, Mi·das, le Mo·gol, mal·gré, Ma·hon, ma·jor, Mi·lan, Mé·né·las, mic·mac, mé·sus, mem·bru, mar·mot, le Lan·gue·doc, mu·lot, mus·cle, Mné·mo·si·ne, Mo·mus, myr·rhe, Mi·nos, il mas·sa·cra, Ma·roc, mis·sel, un mo·tet, Ma·chi·a·vel, ma·ga·sin, man·ne, man·dil·le, mé·tal·lur·gi·e, mé·tis, muf·ti, mi·not, mis·ci·ble, mar·bré, il mu·git, mar·qui·sat, mar·tyr, qu'il mar·quàt, man·gez, mol·lir, mo·ril·lon, mus·cat, mes·da·mes. Nan·kin, nip·pes, no·lis, Na·mur, nom·mer, nom·bre, nym·phe, nec·tar, Na·xos, na·vet, Na·bab, *Nis·mes*, na·sal, Nes·sus, nor·mal, na·bot, na·ca·rat, na·dir, na·nan, na·sil·lon·ner, nè·fle, né·nu·far. *O·bus*, obs·cur, oph·tal·mi·e, *oc·ci·put*, il om·bra, ob·jet, o·nyx, o·po·pa·nax, op·por·tun, or·phe·lin, o·xy·mel, o·ri·gan. Pa·ra·dis, pro·fès, pro·fil, pré-

fix, Pa·la·fox, *par·fum*, pin·ces, tu pâ·
lis, Phé·nix, Pol·lux, pal·li·er, pé·ca·
dil·le, pec·to·ral, pa·ra·pet, pif·fre, pal·
la·di·um, plâ·tre, pom·pon, Pto·lo·mé·e,
Psy·ché, il pé·rit, pyr·rhi·que, Pa·ris, *Pâ·*
*ris,* je pa·rus, Per·san, pas·tel, plu·tôt, tu
pil·las, Pri·vas, tu pri·vas, pré·vot, pa·ral·
lè·le, Pic·pus, Po·ly·phê·me, plé·o·nas·me,
pa·ra·do·xal, pu·é·ril, pur·pu·rin , qu'il
par·lât, tu pas·sas , *per·sil,* par·ti·san ,
*pu·bis,* pis·sat, pis·til, pro·têt, pro·hi·bés,
Pré·cop, pso·ra, pti·lo·se. Quan·quan ,
quan·quam, Qué·bec, quel·qu'un, quin·
tal , Quim·per, qua·dri·ge, quar·te·ron,
qua·tre , qui·dam, quil·ler , quin·quen·
nal, qui·tus. Ro·mu·lus, ré·pit, re·li·quat,
re·pas, ré·sul·tat, rem·pli , rha·bil·la·ge ,
ren·dus, rap·pel, Rhi·no·cé·ros, le Rhô·ne,
Rho·des, ri·val, ru·ban, ra·vin, rab·bin,
raf·fi·nés, ra·vir, il ré·gla, ron·de·let, il
ré·us·sit, re·vus, il rom·prâ, je re·çus, tu
ré·vo·quas, on re·mit, re·nom, il re·çut,
rhu·ma·tis·me, Ruf·fec, ré·cit, ré·els. Sic·

ci·té, suc·cès, sol·dat, Sé·lim, syn·dic, sal·si·fis, su·per·flu, sul·tan, sa·la·ma·lec, il sif·fle, sa·lut, som·nam·bu·le, Sa·mos, sub·dé·lé·gué, scé·lé·rat, sci·e, ser·rez, si·rop, sab·bat, Sam·ni·tes, San·cho, sca·ro·le, sco·li·e, Scu·dé·ri, Scy·the, sep·tem·bre, *sep·tem·vir*, syl·la·be, sil·la·ge, Six·te, spa·das·sin, spé·ci·al, spi·ra·le, spo·li·er, sta·tut, *shé·rif*, sté·ri·le, sti·pu·ler, sto·re, stu·pi·de, sty·let, sug·gé·rer, sa·von, Sa·xon, sbi·re, scè·ne, on sé·ques·tra, ses·ter·ce, so·len·nel, so·phi, sque·let·te, squi·ne, syr·tes, sor·bet, sim·ple, soc·que, qu'il ser·vît, Sus·sex, il sar·cla, Sa·pho, sla·bre, smi·lax. *Tabac*, Thé·mis, ton·nez, tri·bun, tra·fic, Tra·jan, ta·lus, tym·pan, tré·sor, taf·fe·tas, tim·ba·les, toc·sin, ta·xez, ta·pir, *tes·ta·cée*, les To·rys, Tal·mud, tru·che·man, il tra·hit, tri·co·lor, til·lac, *le Te·xel*, qu'il tom·bât, tu ty·ran·ni·ses, tac·tac, tam·pon, tri·gly·phe, thè·me, thé·â·tre, il tri·om·pha. U·lys·se, u·sez, U·zès,

u·ni·ver·sel, u·sur·per, u·ti·li·ser. Ver-
bal, ven·tru, il vé·cut, ver·jus, Ver·dun,
vir·gi·nal, ve·nin, vi·zir, vac·cin, *vi·vat*,
Vos·ges, vil·la·ge, le Ve·xin, va·cil·ler,
Vi·chi, vel·lé·i·té, il vo·gua, val·lon, va-
nil·le, Vi·try, je vé·cus, les ver·tus, un
ver·set, ve·xer, vol·can. Xan·tip·pe,
Xer·cès, Xi·phi·as, le xi·lon, xé·ro·pha-
gi·e. Y·ve·tot, Y·vri. Za·dig, zes·te,
zig·zag, zin·zo·lin, zo·di·a·cal.

# DOUZIÈME LEÇON.

*Syllabes et Monosyllabes de quatre,
cinq et six Lettres.*

Arts. Bals, banc, bans, bard, bats ;
bill ; bled, blet, blin, bloc, blot ; bond,
bons, bord ; bras, bref, brin, bris, broc,
brun, brut ; busc. Camp ; cens, cent,
ceps, cerf ; char, chas, chat, chef, cher,
chez, choc, chut ; cils, cinq ; clac, clan,
clâs, clef, clin, clos, club ; coqs, cors ;
crac, cran, cric, crin, crit, croc, cron,
crus, crut ; czar. Dans, dard ; dent ;
donc, dons, dont, dors, dort ; drap ;
ducs. Fard ; fers ; fils, fisc ; flan, flac,
flic, flin, flot, flux ; fond, font,
fors, fort ; frac, fret, fric, fris, frit, froc,
frot. Gand, gant, gard ; gens, gent ;
gond, goth ; gras, grat, grec, grès, gril,
gris, gros ; guet. Hard, hart, hast ; horn,
hors ; huns. Jars ; jonc. Kell. Lacs, laps,
lard ; legs, lent, lest ; lits ; loch, lods,

long, lord, lors, loth, lots; luth; lynx.
Marc, mars; mets, Metz; mons, mont,
mord, mors, mort; musc. Nard; nerf;
nord; nuds, nuls. Parc, pars, part;
pend, perd, pets; plan, plat, ploc, plis,
plus, plut; pond, Pons, pont, porc,
port, post, pots; près, prés, prêt, pris,
prit, prix. Rang, rapt; rend, rets, Retz;
Rhin, rhus; Roch, rond; rumb. Salm,
sang, sans; scel; sens, sent, seps, sept,
serf, sers, sert; sont, sors, sort, sots;
stuc, styx; Sund. Tact, talc, tant, tard,
Tarn; Tell, tems, tend, test; Thom,
thon, thym; tins, tint; tond, tons, tord,
tors, tort; trac, tran, très, tric, trin,
troc, trop, trot, truc; turc. Vend, vent,
verd, vers, vert, vêts; vins, vint. Zell,
zest; zinc, zist.

---

Bancs, blanc, blond, Brest, brocs,
brusc. Camps, cerfs, champ, chant,
chats, clans, clerc, clefs, corps, crocs.

Flanc, flots, fonds, fonts, franc, front.
Gants, gland, gonds, Goths, Grecs,
grand, Gratz. Joncs. Lents, longs. Monts,
mords, morts. Nerfs. Pends, perds,
plans, plant, plats, plomb, ponds, ponts,
ports, prend, prêts, punch. Quand,
quant, quart, quint. Rangs, rends,
romps, rompt, ronds. Serfs, spath,
Solms, stras. Tends, Thorn, tonds,
tords, trips, tronc, Turcs. Vends, vents,
verds, verts, vingt.

---

Blancs, blonds. Champs, chants,
christ, clercs. Flancs, francs, fronts.
Glands, grands. Plants, prompt, prompts.
Quartz. Schlich, sphinx, strict. Troncs.

---

# TREIZIEME LEÇON.

*Mots dans lesquels se trouvent des Syllabes de quatre, cinq et six lettres.*

A·bhor·rer, A·bi·me·lech, ab·ject, ab·sor·bant, A·bruz·ze, abs·trus, ac·croc, A·chil·le, a·cie·ri·e, ac·qui·es·ce·ment, a·dhé·rent, a·gnels, a·gnès, al·le·cher, Al·le·mand, al·ma·nach, a·mé·thys·te, a·mict, am·phic·ty·on, am·phis·ci·ens, an·guil·le, an·guil·la·de, an·tarc·ti·que, an·te·christ, a·poph·theg·me, A·rach·né, Ar·ma·gnac, ar·rhes, ar·thri·ti·que, as·pect, as·phal·te, As·ta·roth, asth·me, a·vril, a·zoth. Ba·bil·lard, bar·bets, ba·vard, Ber·ghen, be·si·cles, Beth·lé·em, bri·sans, bis·muth, bor·gnes·se, bri·gands, brus·que·ment, Buc·kin·gham. Ca·chot, ca·dran, cam·pa·gnard, cé·drat, Cha·blis, cham·pi·gnon, Chan·til·ly, char·mant, chas·se·las, chep·tel, chris·ti·a·nis-

me, ci·tron·nat, clan·des·tin, co·chlé·a·
ri·a, com·plot, comp·ta·ble, con·cept,
con·flit, cons·crits, Coph·te, co·tret,
Co·blentz, cy·près. Da·ghes·tan, Daph·né,
dé·cem·ment, dé·cem·virs, dé·guer·pir,
di·a·phrag·me, diph·thon·gue, dis·trict,
domp·ta·ble, drach·me, dro·guis·te. E·
chec, é·chel·le, é·chop·pe, é·clat, é·qui·
dis·tant, é·clip·se, é·clop·pé, il é·clôt,
é·lé·phant, em·prunt, en·cens, en·i·vrant,
en·no·blir, en·tr'ac·te, é·pi·gram·ma·ti·
que, é·pi·nards, é·quar·ris·sa·ge, es·ca·
dron, es·clan·dre, les es·prits, es·quis·
ser, é·tang, é·ther, é·tren·nes, e·xact, ex·
cel·lent, e·xempts, ex·tra·va·gant. Fa·
tras, fé·cond, flam·me, flan·drin, flas·
que, fleg·me, for·ceps, frag·ment, Franc·
fort, fras·que, fron·tis·pi·ce, frus·trer,
fu·ri·bond. Ga·lam·ment, Gi·bral·tar,
gen·til·hom·me, gi·sant, glis·ser, Guas·
tal·la, glot·te, gnos·ti·ques, gram·ma·ti·
cal, grap·pil·lon, gref·fer, grif·fon·na·ge,
Gro·ën·land, gros·ses·se, Guel·fes, guil·

le·mets, guin·guet·te. Ha·ba·cuch, hans-
crit, des ha·rengs, ha·sard, hen·nis·se-
ment, ho·mard, Hy·per·mnes·tre, hy·po-
cras. I·co·no·clas·te, im·promp·tu, in-
dult, in·fect, in·flic·tif, in·grat, in·nom-
bra·ble, ins·tinct, in·tel·lect, in·ters·ti-
ce, in·trus, I·sard, isth·me. Jo·cris·se,
Jo·seph, Ju·dith, ju·leps, ju·sant, jus-
ques, le Jut·land. Krem·lin. Lamp·sa-
que, lan·guir, lans·que·net, la·rynx, lé·o-
pard, le·vron, lé·zard, li·thar·ge, li·vret,
lo·ga·rith·mes, Lon·dres, Lu·ther, lych·nis.
Ma·gnats, ma·nant, mar·chand, ma·tras,
Mem·phis, Mé·ta·phras·te, mé·temp·sy-
co·se, mi·gnot, mons·tre, mortels. Naph-
te, na·sil·lard, né·gli·gent, né·phré·ti·que,
ner·prun, nom·bril, no·nobs·tant. Nor-
mand. O·blong, of·fran·de, on·glet, on-
guent, O·phys, os·tro·goth, o·xy·crat.
Pam·phlet, pa·ra·guan·te, pa·thos, per-
çant, per·drix, pers·pec·ti·ve, phar·sa·le,
phi·lo·so·phis·te, phos·pho·re, phra·se,
phthi·si·e, pla·card, plas·tron, plà·tras,

pol·tron, ponc·tu·er, pres·qu'île, printems, pris·me, Prog·né, promp·ti·tu·de,
pros·pec·tus, pru·d'hom·mi·e, psal·mis-
te, py·ro·tech·ni·e. Qua·dril·le, qua-
dran·gle, quin·quen·ni·um, quin·quet,
quin·tes·cen·ce. Re·cors, re·flux, re·gret,
re·laps, re·mords, re·plet, ré·pu·gnan·ce,
re·sé·cher, res·sort, re·vers, rhom·be,
rhyth·me, ri·flard, ro·chet, ro·gnon,
ros·si·gnol, ru·bi·cond. San·glant, sang-
su·e, sa·nhé·drin, sas·sa·fras, scal·pel,
scan·da·le, scep·tre, scha·bra·que, schel-
ling, schi·ras, schis·ma·ti·que, scil·li·ti-
que, scor·but, scri·be, scru·pu·le, sculp-
tu·re, se·cond, se·con·de·ment, secret,
se·crè·te·ment, sé·ques·trer, sgra·fit, sifflet, si·gnal, si·gnet, Smyr·ne, sol·sti·ce,
somp·tu·o·si·té, spar·te·ri·e, spas·me,
spec·ta·cle, sphè·re, splanch·no·lo·gi·e,
sque·let·te, squil·le, squir·re, stag·nant,
stal·le, stan·ces, stel·li·o·nat, Sten·tor,
ster·ling, stig·ma·tes, Stoc·kholm, stra-
pon·tin, stro·phe, struc·tu·re, sub·lin-

gual, subs·tance, suc·cinct, su·mach,
svel·te, symp̄·tôme. Ta·blet·tes , thal-
mud, ta·rots, tech·ni·que, ten·dres·se ,
Tran·sil·va·nie, thlas·pi, Thra·ce, thrum-
bus, thyr·se, tra·band, tran·quil·le, Tran-
salpine, trans·cen·dant, tran·se·at, tran-
sit, trap·pe, trembler, tric-trac , triph-
thon·gue , trom·bo·ne, tron·çon, truf·fe ,
tur·bith, tur·neps. U·ni·vers, U·trecht.
Va·cil·lant, va·ga·bond, va·rech, vê·pres,
ver·glas, Vi·si·goth, Volsques. Y·orch,
Y·pres. Zé·nith, zé·phyr, Zu·rich, zy-
thum.

# QUATORZIÈME LEÇON.

*Syllabes et Monosyllabes de deux, trois, quatre, cinq et six lettres, dans lesquels entrent les Voyelles composées.*

Ae, ai, ao, au; ea, ei, eo, eu; œ, ou.

---

Aie, Ain, air, ais, ait, Aix, aou, aux. Bai, bau, bey, bou. Cou. Dey, d'où. Éai, eau, eus, eut, eux. Feu, fou. Gai. J'ai, jeu. Lai. Mai, mou. OEu, ouf! Pau, peu, pou. Sou.

---

Airs, août, Auch. Bain, bais, baud, baux, beau, bleu, bouc, tu bous, bout, brai, brou. Caen, ceux, chou, clou, coup, cour, cous, coût, il coud. Daim, dais, deux, doux. Eaux. Faim, fais, fait, faix, faon, il faut, faux, feux, flou, four, frai. Gain, geai, goût, Gray. Hais, il hait,

haut, heur, houp, houx. Jais, Jean, à jeun,
jeux, joug, jour. Laid, lais, lait, Laon,
leur, loup. Main, mais, Maur, maux,
le Mein, je meus, il meut, mous, moût.
Nain, je nais, il naît, neuf, nous. OEuf,
ours. Pain, pair, tu pais, il paît, paix,
paon, Paul, peau, peur, il peut, tu peux,
pouc, pouf, pour, poux, prou. Quai.
Rais, rein, roux. Sain, je sais, il sait,
sauf, saut, seau, sein, seul, saoûl, sous.
Tain, je tais, il tait, taon, taux, touc,
toug, Toul, tour, tous, tout, toux, trou.
Vain, vair, je vais, Vaud, il vaut, tu
vaux, veau, veuf, il veut, je veux, vœu,
vous, vrai. Zain.

---

Aient. Bleus, bœuf, bourg, brout.
Chair, chaud, chaux, choux, je ceins,
ceint, clair, tu couds, cœur, coups, cours,
court, Craon, creux. Dreux. Faits, feins,
feint, feurs, flair, fleur, frais, fraix, frein.
Glaux, gourd, grain, gueux. Heurt.

Jours. Lourd. Mains, maint, Meaux, meurs, il meurt, mœuf, moult. Nœud. OEufs. Peins, peint, plaid, plain, je plais, il plaît, plein, il pleut, pouls, preux. Queux. Reins. Saint, sauts, sceau, seing, sœur, sourd. Teins, teint, tourd, Tours, train, trais, trait, trous. Veaux, vœux.

---

Bœufs. Cheick, clairs, courts, crains, craint. Fleurs, Mœurs, Nœuds. Plaids, plains, plaint, pleurs. Rheims. Saints, sœurs. Vaincs (je).

---

## QUINZIÈME LEÇON.

*Mots dans lesquels se trouvent les Syllabes composées.*

----

## ai, ei, eai, aî, aie, œ,

*qui a le son de ê, ou de è, ou de é.*

A·bais·se·ment, ai·guil·le, a·beil·le, ai·guil·lon·ner, ai·gui·ser, abs·trait, ai·rain, An·glais, as·trein·dre, ai·guil·let·te, at·traits, at·teint, ai·guil·lon. Bai·e, brai·re, bei·gnets, ba·lais, bé·gaie·ment. Ca·pil·lai·re, cein·tre, cer·tain, chaî·non, je chan·tai, crai·e, je char·geais, cœ·cum. Dé·blai, dé·cen·nai·re, dé·man·geai·son, des·sein, di·zain. E·clair, em·preint, en·grais, ils en·ten·daient, é·pais·sis·se·ment, ils é·par·gnaient, es·saim, é·trein·dre. Fœ·tus, fein·ti·se, je for·geai, ils fri·pon·naient, fre·sai·e, fu·sain, ils fu·sil·laient.

5

Gaie·ment, grais·set, gram·mai·re, ils gé·mis·saient. Haî·ne, le Hols·tein, ils hé·ber·geaient. Im·pair, i·nhu·main, in·vrai·sem·blan·ce, ils im·pri·maient. Ja·mais, ils jon·glaient. La·quais, je lo·geais, Ley·de, ils la·paient. Ma·nheim, mer·rain, je mai·gri·rais, ils mé·con·naî·traient. Nais·san·ce, nei·ger, je na·vi·guais. Or·frai·e, ils o·bli·geaient, OE·di·pe, OE·nan·thé, œ·cu·mè·ni·que. Par·rain, pein·dre, plai·e, pro·chain, Por·tu·gais, pu·nais, por·trait, paie·ment. Qua·train, qua·dra·gé·nai·re, quin·zai·ne, ils qua·li·fi·aient, qua·ter·nai·re, quer·qué·tu·lai·res. Rai·e, ra·bais, re·frain, re·li·quai·re, re·sai·gner, ro·mains, je ré·di·geais, il re·pa·rais·sait. Se·rein, se·cré·tai·re·ri·e, sei·ze, si·xain, stu·pé·fait, se·con·dai·re, Stein·ker·que. Teil·ler, treil·li·ser, tein·dre, ter·rain, to·kay, tous·saints, traî·tre, trem·blai·e, Ton·neins, je tran·si·geais, ils ter·ri·fi·aient. U·su·rai·re, ul·tra·mon·tain. Vain·cu·e, vé·sicai·re, vrai·sem·bla·ble, ving·tai·ne, ils vo·guaient, Vul·cain. Za·gai·e.

## au , eau , eo ,

*qui a le son similaire et plus grave que l'ô.*

A·gneau, an·neau, ar·ti·chaut, aus·tral, Au·xer·re. Ba·daud, ba·di·geon, bap·tis·maux, bar·reau. Caus·ti·que, chauf·fe·ret·te, chaus·sé·e, cer·ceau, che·vaux, Ci·go·gneau, claus·tral. Din·don·neau, dra·geon, dé·faut. E·cha·faud, é·chauf·fai·son, es·tur·geon, des é·che·veaux, e·xhaus·ser, Es·caut. Fla·geo·let, flé·aux, fais·ceau, flam·beau. Ger·faut, geo·la·ge, go·de·lu·reau, Geor·ges, gau·fre, Guil·lau·me. Ha·meau, hau·tain, heau·me, ho·lo·caus·te, hé·rault, le Hai·naut, ho·be·reau. I·preau. Jau·nis·se, jus·tau·corps, ju·meau. La·pe·reau, lau·da·num, le·vraut, li·on·ceau, lau·des. Maus·sa·de, mu·seau, mé·taux, maraud, Ni·gaud, ni·veau, na·seaux, nup·ti·aux. O·ri·peau, or·di·naux. Pa·taud, pau·vret, pein·treau, des per·dreaux, pi·geon·neau , plongeon, psau·me, pé·ni·ten·ti·aux, po·é·tereau. Quar·taut , Qui·nault, quin·taux. Ra·deau, res·sau·ter, ré·seau, ré·chaud. Sa·laud, saus·sai·e , sau·va·geon , serdeau, sau·te·reau , sur·saut, si·gnaux. Ta·bleau, ta·raud , tau·reau , ty·ranneau. Van·neau , vé·gé·taux , vi·traux. Y·pré·au.

## eu,

*qui a le son de l'u.*

Af·fa·neu·res. Char·geu·re. E·grugeû·res, j'ai eu, que j'eus·se eu, que tu eus·ses eu, il eût eu, qu'ils eus·sent, j'eus, tu eus, il eut, nous eû·mes, vous eû·tes, ils eu·rent, Eus·ta·che. Ga·geûre. Man·geû·re. Ver·geû·re.

## eu , œu ,

*qui a le son plus grave que l'e muet.*

Ac·cu·sa·teur, af·fec·tu·eux, a ·freux

a·queux, ar·til·leur. Bai·gneur, bé·gueu-
le, beur·re, bà·freur, blas·phé·ma·teur,
bleu·â·tre, bel·li·queu·se. Ca·gneux, cal-
feu·trer, cap·ti·eux, char·treu·se. Dé·fec-
tu·eux, dé·shon·neur, dé·sœu·vre·ment,
dis·til·la·teur. Em·bau·cheur, é·pa·gneul,
er·reur, é·teuf, é·qua·teur, eu·ro·pé·en,
ex·cré·men·teux, é·meut. Fa·cé·ti·eux,
fan·geux, fa·veurs, fil·leul, fleur·de·li·ser,
fi·breux. Gan·gré·neux, ga·zeux, gueu·le.
Ha·bleur, haî·neux, hé·breu, hor·reurs,
ha·ran·gueur, heur·ter. I·gno·mi·ni·eux,
in·no·va·teur. Jeû·ne, jon·gleur, ju·di-
ci·eux, jau·geur, ja·seu·se. Lé·gis·la·teur,
lé·preux, leur·re, li·eur, lin·ceul, lon-
gueur, lus·treur. Ma·jes·tu·eux, malheur, ma·nœu·vrer, mor·bleu, la Meur-
the, mar·queur. Nei·geux, ni·treux,
Neus·trie. OEu·vre, onc·tu·eux, op·pres-
seur. Pa·res·seux, pê·cheur, pé·ril·leux,
pé·ri·pneu·mo·nie, pleu·reu·ses, pen·ta-
teu·que, per·si·fleur. Que·rel·leur, queue.
Ré·demp·teur, ri·eurs. Sa·blon·neux,

sai·gneur, sca·breux, sculp·teur, sei·
gneu·ri·al, spa·cieux, splen·deur. Tei·
gneux, ter·reur, til·leul, traî·treu·se·
ment, trans·gres·seur. Ul·té·ri·eur. Vain·
queur, va·leu·reux, vé·til·leux. Y·eu·se.
Zé·la·teur.

## ou, oue, aou,

*qui se prononcent comme* ou.

A·ba·sour·dir, a·ca·jou, a·cous·ti·que,
a·oû·ter, a·oû·te·ron, nous a·voue·rons.
Ba·lourd, beau·coup, bi·joux, bour·sil·
ler, brou·ha·ha, bourg·mes·tre, blou·se,
bour·reau, bouf·fon. Cal·mouc, con·
cours, cour·roux, crous·til·leux, coul·pe.
Dé·voue·ment, des·soû·ler, des·sous,
dis·cours. E·cla·bous·ser, é·crou, E·dim·
bourg, en·clou·û·re, en·joue·ment, tu
é·choue·ras. Fau·bourg, fou·gas·se, four·
reur. Glou·glou, gouf·fre, gou·pil·lon,
gous·pin, la Gua·de·lou·pe, gout·teux.
Hi·bou, hou·e, houp·pe·lan·de, hous·
pil·ler. I·nou·i. Ja·loux, joue·reau, jou·

jous, joux·te. La·bour, lan·gous·te, Lou·is (nom propre), lour·daud. Mal·brouk, mous·quet, mous·seux. Nou·eux, nour·ris·son, Ne·mours. Ou·til, our·se. Pas·tou·reau, pou·dreux, prou·es·se. Ra·doub, re·bours, res·sour·ce, re·trous·sis, re·noue·ment, rou·cou·ler, rous·seau, rou·geaud. Se·cours, souf·fle·ta·de, souṕ·çon, se·coue·ment, sur·tout. Tam·bour, touf·fu·e, tou·jours, tou·tou, trou·ba·dour, je troue·rai. Vau·tour, ve·lours, nous voue·rons, ver·tu·choux, vōus·su·re, ver·roux.

### ao,

*qui a le son de l'a.*

Faon·ner. Pao·ne, paon·neau.

### ea,

*qui a le son de l'a.*

Af·fli·geant, nous ad·ju·geâ·mes, tu al·lé·geas, il a·bré·gea, vous ar·ran·geâ-

tes, que j'a·van·ta·geas·se, qu'il a·gré-
geât. Chan·gean·te. Dé·cou·ra·geant, dé-
so·bli·geam·ment, dou·ceâ·tre. En·gean-
ce. Jau·gea·ge. Lo·gea·ble. O·bli·gean·ce,
o·ran·gea·de, or·geat. Rou·geâ·tre. Ven-
gean·ce.

# SEIZIÈME LEÇON.

*Syllabes et Monosyllabes de deux, trois, quatre, cinq et six lettres, dans lesquels entrent les Diphthongues.*

Ia, ie, ié, iè, io, oe, oè, oê, oi, ui,

---

Ail. Coi. Dia. Eoi, eil. Foi. Hui. Iai, ian, iau, ien, ieu, ion, iou. Loi, lui. Moi. Oie, oin, oua, oue, oui. Puy (le). Qua, que, qui. Roi. Soi. Toi. Uin.

---

Bail, bien, biez, boie, bois, boit, buis. Ciel, coin, cuir, cuit. Dieu, doit. Euil. Fief, fiel, fier, foie, foin, fois, foix, fuir, fuis, il fuit. Gien, glui. Hier, hoir, huis, huit. Jouy, joie, juif, juin. Lieu, lois, loin, Loir, Lyon. Mail, miel, mien, mois, muid, Mouy. Noir, noix, nuit. Oeil, oing, oint, ouen, ouin.

Pied, pieu, pion, poil, pois, poix, puis.
Quoi. Rien, rois, roui. Sied (il), sien,
soie, soif, soin, soir, sois, soit, suif,
suis, il suit. Tien, toit. Uin. Voie, voir,
vois, il voit, voix. Yeux (les).

---

Biais, Blois, bouin, bouis, bruit.
Chien, choin, choir, choix, ciels, cieux,
coing, coins, Creil, crois, crois, il croit,
il croît, croix. Deuil, dieux, doigt,
droit. Fouet, fouir, froid, fruit. Groin.
Joint. Kiell. Liais, liard, lieux, Louis
(monnaie d'or). Mieux, moins. Niais,
Niort, nuits. OEils, ouais, ouest. Pieds,
pieux, pions, poids, poing, point, proie,
pouah, puits. Rouen, des riens. Saoul,
scion, seoir, seuil, les siens, sieur,
soins, souil, suint. Tiens, il tient, tiers,
trois, Troie. Vieil, viens, il vient, vieux.
Yacht.

---

Breuil. Chiens, couard. Doigts. Fruits.
Poings. Thiers, treuil, Troyes.

## DIX-SEPTIÈME LEÇON.

*Mots dans lesquels se trouvent les Diphthongues.*

### ia.

Ar·chi·dia·cre. Bas·tia , bail·lia·ge , bes·tial , bes·tia·li·té. Dia·ble , dia·ble·ri·e , dia·bles·se , dia·mant, diar·rhé·e. En·dia·blé. Fa·mi·lia·ri·té, fia·cre, fias·que. Ga·li·ma·tias. Jus·quia·me. Liar·der , lias·se. Mil·liard , mi·nia·tu·re. o·pi·niâ·tre. Piaf·fer , piail·ler , pia·no. pias·tre. Ra·ta·fia. Ta·fiat.

### ie, ié, iè.

Abri·co·tier , ai·guiè·re , que vous ai·mas·siez, ai·guil·le·tier, a·li·zier, a·mi·tié , an·guil·liè·re , as·sié·geans , ai·guil·lier. Ba·che·lier, ban·quier, bien·veil·lanc·e, bar·bier, biè·re, bier·re. Ca·hier, cham·briè·re, châ·tai·gnier, che·vrier, cier·ge, cin·quiè·me·ment. Da·mier, deu·xiè·me, Diep·pe, diè·se, di·xiè·me, dou·ai·riè·re. E·chi·quier, é·miet·ter, é·pier·rer, es·sen·tiel. Fief·fé, four·mi·liè·re, fié·vreux, four·rier. Gi·be·ciè·re, gen·til·hom·miè·re, gi·rof·flier, ge·nouil·liè·re, gro·seil·lier, geo·lier, gui·gnier. Har·dies·se, hiè·ble. Im·pié·té, im·ma·té·riel in·quiet. Jan·vier, jar·di·niè·re, ju·ju·bier. Lar·miers, lié·ge, Liè·ge, lier·re, lu·thier. Mar·brier, mé·dail·lier, meur·trier, miet·te, mil·liè·me. Né·flier, niè·ce, niel·le. Of·fi·cier. Pa·le·fre·nier, peaus·sier, pei·gnier, pes·ti·len·tiel, pier·rier, piè·tre, vous pri·iez, py·thien. Qua·triè·me·ment, quié·tis·te, quil·lier, quin·ziè·me. Ra·pié·ce·ter, ro·sier, ra·tiè·re. Sa·bliè·re, san·glier, sei·ziè·me, siè·cle, sies·te, si·xiè·me, somme·lier. Ta·blier, thé·iè·re, tié·deur, tier·çon. U·niè·me, u·su·rier. Vé·niel, ver·rier, vier·ge, vi·trier, Xa·vier.

## io, iau.

Ba·bio·les , bes·tio·le. Cu·rio·si·té , en·ve·lio·ter. Fio·le. Pio·cher , pio·lis. Rus·sio·te. Vio·lat, vio·let·te, vio·lier, vio·lon.

## oe, oè, oê.

Goè·land, goê·let·te, goê·mon. Moel·le, moel·leu·se·ment, moel·lon. Poê·le (à frire), poè·le (fourneau où voile), poê·lon, poê·lo·né·e, poê·lée, poê·lier.

## oa , oai.

Joail·le·rie, joail·lier. Poal·lier. Quoail·lier.

## ui , uie.

A·me·nui·ser , au·jour·d'hui , j'ap·puie·rai, tu ap·puie·ras, au·trui. Buis·son, bruis·se·ment. Cons·trui·re, con·ti·gui·té, cuil·ler, cuil·le·ré·e, cuis·tre. Dé·truit, dix-huit, je me dé·sen·nuie-

rais. E·brui·ter, vous es·suie·rez, il s'en·
nuie·ra, é·tui. Flui·de, for·tuit, frui·tier.
Hui·lier, hui·tai·ne. Im·puis·sance, ins·
trui·re. Jé·sui·te, juil·let, jui·ve·rie. Lui·
san·te. Mi·nuit. Nui·tam·ment. Pa·ra·
plui·e, per·tui·sa·nier, pi·tui·teux, puis·
que. Ré·duit, rui·ner, ruis·seau. Sé·dui·
sant, sui·e, suis·ses·se. Tra·dui·re, trui·e.
U·su·frui·tier. Zuy·der·zée.

## oi, oie, eoi.

A·boie·ment, ac·cou·doir, ac·croî·tre,
Al·bi·geois, an·chois, Au·xois. Bai·gnoir,
bef·froi, boî·tier, bois·seau, bour·geoi·
se·ment. Cae·nois, coif·fe, coif·feur,
cour·roie, Crao·nois, croî·tre. Dé·troit,
dé·voie·ment, doig·tier, droi·tier. E·gru·
geoir, en·coi·gnu·re, ex·crois·sance, ex·
ploit, é·tei·gnoir. Fal·loir, fram·boi·sier,
Fran·çois. Gloi·re, gref·foir, guin·gois.
Ha·choir, haut·bois, heur·toir. I·ro·quois.
Laon·nois, Lié·geois, lam·proie. Ma·de·
moi·sel·le, man·geoi·re, mes·seoir, mi·

nois, moi-neau. Net-toye-ment, noir-
ceur. Oc-troi, oi-gnon, oi-gno-niè-re ,
oi-gne-ment, oi-sif, on-doie-ment, ou-
vroir. Pa-voi-ser, pei-gnoir, pé-remp-
toi-re, plai-doi-ri-e, poi-gnard, poi-gnée,
poi-gnet, poi-reau, poi-rier, pour-quoi.
Quoi-que, quel-que-fois. Ra-soir, rem-
boî-ter, roi-de, roi-deur, roi-dil-lon,
roi-dir. Soie-ri-es, Sao-nois, soi-xan-te ,
sou-froir, sur-seoir. Ter-roir, toi-let-te ,
tran-si-toi-re , tu-toie-ment. Vé-si-ca-
toi-re, vil-la-geois, voi-lier, voi-tu-rier.

## iai.

Biai-ser , bes-tiai-re. Dé-niai-sé. Liai-
son, liai-son-ner. Niai-ser, niai-se-rie.

## iau.

Ba-ca-liau , bes-tiaux. Ma-té-riaux ,
miau-lant, miau-lement, miau-ler. Piau-
lard , piau-ler.

## ieu.

A-dieu. Ban-lieu-e, Bar-be-zieux. Chau-

lieu, con·scien·cieux , cu·rieux. E·pieu ,
es·sieu. Lieu·e , lieu·te·nan·ce, lieu·te-
nant, lu·xu·rieux. Mat·thieu, mes·sieurs,
mi·lieu, mon·sieur. Pa·rieur, plu·sieurs,
Pon·thieu. Sé·rieux.

## iou.

Ciou·tat, Col·liou·re. O·liou·les.

## oüa.

Doüa·ne , doua·ner , doua·nier. Foua-
ce. Ga·douard , goua·che. Oua·te , oua-
ter. Poua·cre , poua·cre·ri·e.

## oue.

Coüet·te. Fouet·ter, fouet·teur. Gi-
rouet·te. Pi·rouet·te , pi·rouet·ter. Ser-
fouet·te.

## oui.

Ba·ra·goui·na·g e ,    ba·ra·goui·neur.
Cam·bouis. Droui·ne, droui·neur. Em·ba-
boui·ner. Fe·nouil, fe·nouil·let·te, foui·ne.

Goui·ne. Loui·sia·ne, Louis·bourg. Ser·
fouir.

## ian.

Ba·nians. Dian·tre. Men·diant. Né·go·
ciant. Vian·de, vian·der, vian·dis.

## ien,

*qui a le son de* ian *et de* ién.

Abs·tien·ne, ap·par·tient, a·ca·dé·mi·
cien, a·é·rien, Au·trichien. Ba·by·lo·nien,
Bas·tien, Bé·o·tien, bohé·mien, bohé·
mien·ne, bien·fait, bien·fe·san·ce. Cas·
pien·ne, con·tre·vient, chi·rur·gien,
chré·tien, chré·tien·ne·ment, chré·tien·
té, co·rin·thien. Di·o·clé·tien, dis·con·
viens. *Es·cient*, E·o·lien, E·tien·ne,
Es·sé·niens, E·thi·o·piens. *Fien·te*. Ga·
lé·rien, gram·mai·rien. I·o·nien, in·dien·
ne, *im·pa·tient, im·pa·tiem·ment*, in·ter·
viens. Lo·gi·cien. Mé·ri·dien·ne. New·
to·nien. Ob·tient, op·ti·cien. Pa·rois·
sien, *pa·tien·ter*, py·rrho·nien. Quo·ti·

dien , *quo·tient*. Sur·vien·ne. Thé·o·lo·
gien. Ves·pa·sien , Vé·ni·tiens, Vien·ne,
West·pha·lien.

## ion.

Ac·cla·ma·tion , ac·tion·nai·re, ad·di·
tion·ner, a·dhé·sion, ag·na·tion, a·gres·
sion, nous ai·mions, a·ni·mad·ver·sion.
Bas·tion, bil·lion. Ca·mion, cog·na·tion,
cham·pion, com·bus·tion, com·mu·nion,
con·ne·xion. Dic·tion·naire, dis·til·la·tion,
di·ges·tion. Es·pion·ner , ex·trac·tion ,
é·qua·tion, é·qui·ta·tion. Fa·nion, fla·
gel·la·tion, fle·xion , fu·sion. Ga·bion·
ner, ges·tion. Il·lu·sion, i·mmer·sion,
im·preg·na·tion, ir·ré·li·gion. Jonc·tion,
jus·sion. Lé·gion·nai·re, li·qua·tion, li·
qué·fac·tion. Mix·tion·ner, mil·lion. Obs·
ses·sion, o·pi·nion, oc·ca·sion·ner. Pen·
sion·nat , pé·ti·tion·nai·re , pion·nier.
Ques·tion·neur. Re·bel·lion , ré·gion ,
res·ci·sion , re·li·gion·nai·re. Sanc·tion·
ner, scis·sion, scor·pion, su·bhas·ta·tion,

sug̅·ges·tion. Tau·dion, ti·til·la·tion, tor-
tion·nai·re, trans·subs·tan·tia·tion, tril-
lion. U·nion. Vé·si·ca·tion, vi·sion·nai·re.

## ouin *et* ouin.

Ac·coint, ad·joint, ap·poin·tis·ser. Ba-
bouin, ba·ra·gouin, be·soin, Bau·doin,
bé·douins, ben·join. Cha·fouin, con-
joints. Dis·join·dre. Em·bon·point, é·poin-
té·e. Coin·fre. Loin·tain. Ma·rin·gouin,
mar·souin, moin·dre. Né·an·moins. Oin-
dre. Pin·gouin, pour·point, poin·çon.
Re·coin. Sa·gouin, sain·fouin. Ta·la·poin,
té·moins, tin·touin.

## ouen *et* ouan.

Cor·douan ( tour de ), couen·ne,
couen·neux. La Rouan·ne, rouan·ner,
rouan·net·te, rouen·ne·ri·e.

## uin.

Suin·ter, suin·tement.

## ail.

At·ti·rail. Ber·cail, bé·tail. Ca·mail,

ca·ra·van·sé·rail, co·rail. Dé·tail. E·mail, é·ven·tail. Gou·ver·nail. Poi·trail, por·tail. Sé·rail, sou·pi·rail. Tra·vail.

## eil.

Ac·cueil, ap·pa·reil. Cer·cueil, con·seil. E·cueil, é·veil. Mé·teil. Non·pa·reil. OEil, or·teil, or·gueil. Pa·reil. Re·cueil, ré·veil. So·leil, som·meil. Ver·meil.

## euil.

Ar·gen·teuil. Bou·vreuil. Cer·feuil, che·vreuil. E·cu·reuil. Fau·teuil. Lin·ceuil, Lu·xeuil. Ma·reuil. Nan·teuil.

## ouil.

Fe·nouil.

# DIX-HUITIÈME LEÇON.

*Mots dans lesquel l'Y a le son de deux ii.*

A·boy·er, a·boy·eur, a·loy·au, appuy·é, at·tray·ant, at·ter·moy·er. Balay·é, ba·lay·u·res, boy·au, broy·eur, bruy·an·te, bruy·è·re. Choy·er, clairvoy·ant, ci·toy·en, cor·roy·eur, cray·onner, croy·a·ble, croy·an·ce. Dé·blay·er, dé·pay·ser, doy·en·né. Ef·fray·é·e, é·cuyer, nous é·gay·ons, que j'en·voy·as·se, en·nuy·eux, tu é·tay·es. Fos·soy·eur, fes·toy·er, flam·boy·ant, fou·droy·é, four·voy·er, foy·ers, fray·eur, fuy·ard. Gras·sey·e·ment, je gras·sey·ais, gi·boyeur, gros·soy·er, la Guy·a·ne. Hoy·au. Joy·aux, joy·eu·se·ment, joy·eux. Languey·a·ge, lay·et·te, lou·voy·er, loy·al, lar·moy·ant. Mon·nay·eur, mé·tay·er, mi·toy·en·ne·té, moy·en·nant, moy·eu. Net·toy·ez, noy·au, je me noy·ais,

noy·é·e , Noy·on. Oc·troy·er, on·doy-
ant. Pay·e, en pay·ant, nous pay·ions ,
vous pay·iez , plan·chey·er, pay·sa·ge,
pay·sa·ne , pour·voy·eur. Quay·a·ge.
Ray·on·nant , roy·al, roy·au·me. Soy-
eux , séy·eur, soy·e·teur. Tu·toy·er ,
Tuy·au. Ver·doy·ant, voy·a·geur, voy-
el·le, voy·ez.

# DIX-NEUVIÈME LEÇON.

*Mots dans lesquels se trouve le Tréma.*

A·do·na·ï, An·ti·no·üs, a·ïeul, ai·gu·ë, A·dé·la·ï·de. Bi·sa·ïeu·le, ba·ïon·net·te, bis·ca·ïen, bo·ïard. Ca·ïn, ca·ïeu, co·ïn·ci·den·ce, co·no·ï·de, ca·ï·man, con·ti·gu·ë. Da·na·ï·des, dé·i·ci·de, dru·ï·de. E·go·ïs·te, Em·ma·üs, eth·mo·ï·de, E·sa·ü. Fa·ïan·cier. Ga·ïac, gla·ïeul. Ha·ï·e, j'ai ha·ï, hé·bra·ïs·me, hé·ro·ï·ne. I·ma·üs, in·tro·ït. Ju·da·ï·ser. La·ï·que. Ma·ës·tral, Ma·ïa, Na·ïa·des, na·ï·ve·ment, no·ël. Ou·ï·es, ou·ïr. Plé·bé·ïen, Pil·pa·ï, plé·ïa·des, Pi·ri·tho·üs. Si·na·ï, spon·da·ï·que, Si·mo·ïs, Sa·ül. Ta·va·ïol·le, Thé·ba·ï·de, Zo·ï·le.

## VINGTIÈME LEÇON.

*Mots dans lesquels* ail, eil, euil, œil *et* ouil, *se prononcent* all, ell, eull, eull, oull.

Ail·la·de , ail·leurs, ac·cor·dail·les , a·beil·les , ac·cueil·lir , an·douil·le , an·ti·quail·les , a·ge·nouil·loir. Bail·li, ba·tail·le, bâil·le·ment, bar·bouil·la·ge, bien·veil·lant , bou·teil·le , bouil·lie , bre·douil·leur , brouil·lard. Cail·lou , cha·touil·leux , chè·vre·feuil·le, ci·trouil·le , con·seil·ler , cor·nouil·ler , cueil·let·te. Dé·brail·lé , dé·fail·lan·ce , dé·pouil·le , dé·rouil·leur , douil·let·te. Ef·feuil·ler , é·mail·lé , é·mer·veil·ler , é·pouil·ler , Fail·li·te, fe·nouil·let, feuil·le, fian·çail·les, fouil·louse. Gail·lar·di·se, gar·gouil·la·de, ga·zouil·ler, gri·bouil·le, gri·sail·le, grouil·ler. Hail·lons , houil·le. Jail·lis·sant, jou·ail·ler. Li·mail·le. Mail·lo·che , man·geail·le , mé·dail·lis·te , meil·leur , mer·veil·leu·se·ment, mi·trail·le , mouil·la·ge. Ni·que·douil·le. O·reil·le, o·reil·ler, or·gueil·leux , ou·ail·les, œil·la·des, œil·let. Pail·lard, pail·las·se, pa·reil·le·ment, pa·trouil·le, piail·le·rie, pouil·le·ri·e, pou·lail·ler. Que·nouil·lée , quin·cail·le·rie. Rail·leur, re·cueil·lir, ré·veil·lon , re·le·vail·les, rouil·le. Sail·lant, som·meil·ler , souil·lu·re. Tail·lan·dier , tra·vail·leur , treil·le, tres·sail·lir. Vail·lam·ment, ver-rouil·ler , vieil·lard.

# VINGT-UNIÈME LEÇON.

*Mots dans lesquels* ch *se prononce comme* k,

A·cha·ï·e, a·ché·ens, A·chab, A·na·char-sis, a·na·cho·rè·te, A·ché·lo·üs, ar·cha·ïs-me, an·chy·lo·se, ar·chan·ge, Ar·chan·gel, ar·ché·ty·pe, ar·chon·te, ar·chi·é·pis·co-pal. Bac·cha·na·les, Bac·chus, bra·chi·al, bron·cho·cè·le. Ca·té·chu·mè·ne, chal-da·ï·que, cha·os, cho·ris·te, chœur, Ci-vi·ta–Vec·chi·a, Cher·so·nè·se, chi·ro-man·cie, Ché·li·doi·ne, con·chi·tes, chi-ra·gre, cho·ro·gra·phi·e, Cha·na·an. E·cho, e·xar·chat, eu·cha·ris·ti·e. I·cho·reux. La-ché·sis. Ma·cha·bé·es, Mi·chel-An·ge, Mel·chi·sé·dec, Mel·chi·or. Na·bu·cho-do·no·sor. Or·ches·tre, or·ches·ti·que, or·chis. Psy·cho·lo·gi·e, psy·cho·man-ci·e, pa·tri·ar·chal. Ra·chi·ti·que. Stœ-cho·lo·gi·e. Ta·chy·gra·phe, té·trar·chat, Ty·cho-Bra·hé.

# VINGT-DEUXIÈME LEÇON.

*Mots dont la terminaison est en* ent.

Ils ou elles ai·ment, a·bou·tis·sent, a·bo·li·rent, ac·ca·blè·rent; qu'ils ou qu'elles ap·per·çus·sent, a·van·ta·geas·sent. Ba·di·nent, bal·bu·ti·ent, ban·nis·sent, bus·sent. Cra·chent, cri·ent; con·tins·sent, co·toy·as·sent. Don·nent, dé·mo·li·rent; dé·pouil·las·sent, dé·chus·sent. En·rô·lent, en·voient; em·ploy·as·sent, en·tre·vis·sent. Fail·li·rent, fen·dent; fris·son·nas·sent, fran·chis·sent. Ga·gnent, gas·pil·las·sent; guer·roient. Ha·ïs·sent, hon·nis·sent. I·gno·rent, il·lus·trent. Jail·li·rent, jou·is·sent. Lou·voient, lo·geas·sent. Mé·sof·frent. Né·toy·as·sent. Ou·i·rent. Pré·va·lu·rent, ploy·è·rent. Quil·lent, quê·tè·rent. Re·gail·lar·dis·sent, re·joi·gnent. Sur·soient, se·cou·rus·sent. Tra·hi·rent, tu·toient. U·sur·pent. Vau·trent, vieil·lis·sent, veu·lent.

# VINGT-TROISIÈME LEÇON.

*Résumé des vingt-deux Leçons précédentes.*

Abattre, abbatial, accablant, accident, abbaye, accourcissement, arrosoir, acier, action, actionner, acteur, achat, Archélaüs, addition, adducteur, adjudant, adragant, adonien, aérostat, affiquets, Agag, agenda, aggravant, il agréera, agnat, agnus, aguerrir, Alexandrin, alléger, allégresse, alliance, Allobroges, alors, Alsace, amas, amer, amnistie, anabaptistes, anis, annales, anobli, antécédemment, apocryphe, Apollon, apoplectique, apostat, appas, qu'ils aimassent, arbitral, archiépiscopat, arguer, arracher, arrher, archontat, Asdrubal, assassin, assignat, attique, atticisme, avis, affaiblir, automne, ambitieux, aiguisement, aiguade, affourcher, aïeux, aiguillée, aoûté, astreint, aurore,

Auxonne, auspice, affectionné, arithméticien, altier, aimassions, assaillant, ambitieux, anciennement, andouillette, aiguilleter, Auxerrois, assomption, angoisse, les Ardennes.

Bévue, Béotie, bâfrer, bachot, bulle, bissac, baguette, balsamine, billon, baptème, brocard, balbutiement, brodequins, bacchante, bissextile, baguenaude, boue, Barbezieux, bâiller, bienfaiteur, bâillon, besaiguë, belliqueux, bourbeux, balsamum, baptistère, budjet, bonjour, baguenaudier, baragouiner, bienfaiteur, boîte, bohémillon, Bohème, braillard, broyer, broussaille, bouillant, bourgeois, blattier, Bellone, Bagnières, bénignité, Bourguignon, Bayeux, Bruéis.

Cafier, camaïeu, conscription, catarrhal, catéchisme, chrysalide, cogner, conjungo, centumvir, campos, Chaldéen, Czarowitz, cothurne, cafard, corbeille, chataîgne, je chanterai, commotion, consciencieusement, croupion, Cypris, carafe, cataplasme, catastrophe, célébrant, Cérès, chenets, chèvre, Chloris, chrême, crierie, courtaud, Chiaou, charcutier, commisération, cirsakas, les Cevennes, Croatie, chronologie, clepsydre, coccix, criailler, courrier, commémoraison, commensurable, condamnation, clinquant, cocatrix, Clugny, crucifiement, croisière, ils créent, cortès, consanguinité, cognassier, calomnie, Corneille, Caïphe, Calypso, chambellan, cédille, cinquante, Clytemnestre, cacaotier, ciseaux, camphre, charretier, chevreau, chamaillis, cacoïer, Compiègne, Calchas, compagnie, Caraïbe, Cinna, componction, contact, connaître, constellation, Cayenne.

Devise, dénier, début, décoloré, degré, déshabitué, distiller, drille, duumvir, débats, dyssenterie, Dublin, diagnostique, dessiller, décemvirat, dompté, druide, diésis, direct, denier, description, diablement, détracteur, décennal, déshériter, détresse, diamantaire, dixièmement, damnation, diamétral, dilemme, donner, douille, diablotins, diction, déniaiseur, dessert, différend, dommage, diabolique, deuxièmement, duègne, Dantzick, désossé, discerner, digression, déshabillé, despotisme, détors, dénuement, dévouement.

Edit, effilé, envié, ergot, excorier, échasses, éclisse, elliptique, enharnaché, exécrable, enivrer, ébullition, emboîter, entrailles, enorgueillir, épais, époux, l'Euphrate, exhaussement, épousailles, équerre, exacteur, ecclésiastique, enfer, enossé, étaim, étain, ils écrivaient, étroit, exception, excrémentiel, espion, éphod, il éternuera, étrille, esquille, eucharistique, excentrique, Ezéchias, expert, Egyptien, égrillard, éloquemment, esquif, ecchymose, effroyable, exemption, exigeant,

espaliers, équilatéral, équidambar, en-
gouement.

Fusil, factum, fasce, filets, ficelle,
fallacieux, feinte, fléau, faïence, fer-
raille, fièvre, figuier, fluidité, frottoir,
familiariser, feuillage, fonction, fournil,
façonnier, français, fienter, fidéicom-
mis, forum, fresque, fratricide, fruc-
tueux, fusiller, frayer, fouir, fiction,
fuite, Figeac, fourvoiement.

Gallipoli, grésil, grue, guidon, gar-
çon, gargarisme, glaner, gratis, gan-
grène, gentillâtre, Géorgie, gypseux,
gadoue, gaieté, geole, girasol, glaciers,
glissoire, gazouillis, grammairien, gueu-
sailler, garenne, gymnasiarque, grillon,
le Guide (peintre), la Guadiana, gnome,
guitarre, guerrier, gnomon, gommeux,
grasseyer, Gisors, Guatimala, goître,
gratuit, Gorgones.

Héroïque, hiatus, habler, haïr, hec-
tostère, Hippolyte, hymniste, honnir,
hémisphère, houblonnière, hongroyeur,

hallier, houssoir, hiéroglyphe, hélas, hébraïque, haïssez, helvétien, huissier, hexamètre.

Insatiable, ignorant, immiscer, imprégnable, inclus, imprescriptible, inexpugnable, infortiat, ipécacuanha, innocemment, imbroglio, irruption, inquiétude, ichneumon, irascible, intempestif, illustrissime, indemnisé, ineptie, inextinguible, inflammable, inscrit, insomnie, Iris, ignition, instructeur, invraisemblable.

Joachim, joues, justicier (punir), justicier (qui rend justice), joufflu, jouvenceau, jaillir, jarretière, la Jamaïque, jouissant, joindre, Josaphat.

Kilogramme, kilostère.

Lâche, lambris, lapis, lemme, lestrigons, laie, louis (pièce d'or), langueyeur, légion, liardeur, lièvre, loyauté, lumière, lexicographe, lettres, liquoriste, litron, liquidateur, Limousin, laideron , loyer , lignage , lorsque , Longwy.

Maçonnerie , les Magdelonnettes , magnanime , magnésie , magnétisme , magnificence , maïs , malpighi , maniement , mappemonde , mentor , mercredi , mésalliance , métallique , métis , mignard , millésime , monachisme , monosyllabe , motus , Moïse , muguet , malheureux , je mangeais , marabout , marguilliers , Mariembourg , maxillaire , milliaire , marchepied , médaille , mentionner , merveilleux , il miaulait , miniateur , mixtion , moelleux , moignon , moitié , Mithridate , mûrier , Milhaud , Madrid.

Naïf , Néméens , Néréïdes , Nevers , nippes , nulle , nullité , nuptial , nouûre , nouvelliste , négrier , nonchalamment , Nazareth.

Obscène , obstacle , orient , orthographier , outrageant , œilleton , oiseau , opiniâtre, onction, oscillation, oseille, œillères, odieux, obtus, ondoiement.

Palier, pallier, parasol, les Parques, Parthes, penne, pentagone, perspicacité, pharisaïsme, Philopœmen, Phlégéton, Phrygien, Polymnie, polythéisme, pomme, préséance, présupposer, Ptolémaïde, pygmée, paître, paysagiste, paysan, phraseur, pigeon, piqueur, plateau, présomptueux, psautier, passion, pavois, payeur, périæciens, perruquier, persienne, peuplier, piaffeur, piailleur, il piaule, pierraille, pioche, pitié, pituite, pluie, poignant, poignarder, pointilleux, poissonnier, ponction, nous priions, processionnellement, propitiation.

Quinquagésime, quinquina, quadragésime, quadriennal, quinconce, quintuple, à quia, in-quarto, quiproquo, quirinales, quadrupler, quasi, quaker, quatuor, quelle, quadrupède, quenouille, quadruple, quincaillier, ques-

ture, question, quatrième, qualifica-
teur, quaterne.

Raminagrobis, rébus, récépissé, re-
gistre, regnicole, réinstallé, réitératif,
reliefs, remerciement, rempart, une
renne, ressusciter, rétentum, rhétori-
que, rognure, du rum, roussâtre, rou-
geole, ressouvenir, resaisir, rafraîchis-
sant, raisins, rameau, regaillardir,
reddition, rejaillir, religion, remblayer,
ruines, résurrection, Rubens, remue-
ment, rachitisme, rosbif.

Sabre, sacrer, Saducéens, salam,
sanguinolent, saphir, satellite, savon-
nette, scélératesse, scellé, schiste,
sciemment, science, scintillation, sco-
lastique, scrutin, Scythie, seconde,
seconder, secrétariat, segment, senso-
rium, septentrion, septennal, silex,
sinus, siroc, solennité, solsticial, som-
mité, sonnerie, spectre, stratagême,
suranné, susceptible, sanctuaire, san-
guin, scandaleux, scourgeon, scrupu-

leux , secrétaire, sentencieux , som-
maire, somptueux, soubresaut, souhait,
sourcil, souscripteur, stagnation , sa-
blier, salien, séduire, sellier, septième,
séquestration, sérieusement, seyer, sié-
ger, soixantaine, sonnaille , souillard,
soustraction, squammeux, strangulation,
substantiel, somnifère, surhaussement,
sucrier.

Tacet, tachygraphie, taffetas, Tanaïs,
tâtonner , tinrelintintin , tocsin , ton-
nerre, tortillage , tranquillité , transi,
transiger, transissement , transoxane ,
tribun, triumvir, tuerie, tyrannie, taie,
taormine, tournevis, Tourangeau, treil-
lis, tabellion, taïaut, taillis, tournoie-
ment, tiercer, transaction , transfigura-
tion, transition, trisection, trouvaille,
truite, tuileau, turquoise, tétrarque ,
tacticien, térébenthine, thermal, trans-
gresser, triennal.

Unanimité, uniment, umble, urgent,

ultimatum, ustensile, usurpateur, union, université.

Vaccin, vacciner, vaciller, vallée, vielleur, vendredi, vergogne, vermillon, vésiculé, vicissitude, violemment, volter, vrille, vaisseau, vaudeville, veilleuse, vénéneux, victorieux, vaillant, Verdier, vexatoire, victoire, vieillot, violet, violoncelle, vision, voyage, voyer, vendangeurs.

Warwick, le Wéser, Weissembourg, Westminster, la Westphalie, Wilna, le Wolga.

Xénophon, le Xante.

Yarmouth, l'Yonne, Yves, Yvetot.

Zénonisme, Zisel, zoologie, le Zaire, le Zanguebar, Zélande, Zeuxis, Ziziphe, Zachée, Zacharie.

# VINGT-QUATRIÈME LEÇON.

## *Mots composés de plusieurs autres Mots.*

Abat-jour, ab-hoc-et-ab-hac, âge-d'or, ab-intestat, arrière-petit-fils, avant-garde, arc-en-ciel, auto-da-fé, acquit-à-caution, ad-honores, aigre-doux, à-peu-près, arrière-ban, au-delà, au-pis-aller, après-demain, autre-part, à-l'avenant. Bar-sur-Seine, basse-taille, bas-relief, bec-de-corbin, belle-mère, bien-aimé, blanc-bec, bec-jaune, boute-feu, beau-frère, bec-figue, bon-mot, bonne-aventure, boute-en-train, bouts-rimés. Chat-huant, chien-dent, co-accusé, cric-crac, contre-ordre, c'est-à-dire, coq-à-l'âne, cure-oreille, casse-noisette, cerf-volant, chasse-marée, chauffe-pied, clopin-clopant, chauve-souris, chef-d'œuvre, chou-fleur, coup-sur-coup, clin-d'œil, crève-cœur, croc-en-jambe, contre-amiral, court-bâton, courte-paille, chef-lieu. Dame-jeanne, dos-à-dos, dos-d'âne, demi-heure, dix-huit. Eau-de-vie, eaux-et-forêts, échec-et-mat, s'entr'accuser, s'entr'égorger, s'entr'haïr, entre-deux, entr'ouvrir, extrême-onction, entr'ouïr, essuie-main, et cætera. Fausse-clef, faux-fuyant, fer-blanc, flic-flac, fric-frac, franc-fief, faux-frais, fesse-Matthieu, feuille-morte, fier-à-bras, forté-piano, fouille-au-pot, franc-Comtois, front-de-bandière. Grand'mère, garde-chasse, grand'rue, gagne-denier, gomme-gutte, gris-de-fer, guet-à-pens, garde-des-sceaux, gorge-de-pigeon, gras-double, gros-de-Tours. Haut-bord, haute-contre, héroï-comique, hommage-lige, hausse-col, herbe-au-chat, hôtel-Dieu, Juste-au-corps, Jésus-Christ, jusqu'alors, jeux-olympiques. Lèze-Majesté, lods-et-ventes, long-tems, loup-garou. Mache-fer, mestre-de-camp, mezzo-termine, mot-à-mot , main-chaude , maître-ès-arts, mi-août, miton-mitaine, morte-eau, mal-à-droit , mille-feuille , mont-joie , mouille-bouche. Nord-est, Notre-Dame, non-valeur, nord-ouest. Œils-de-bœuf, ouï-dire , orang - outan , d'outre-mer. Passe-droit, perce-oreille , pie-grièche , pied-à-pied, pied-à-terre, poivre-long, parce-que, par-delà, pêle-mêle, pique-nique , plate-bande , plat-bord , pont-levis , porc - épic , porte-balle , post-scriptum , prête-nom , passe-partout , peu-à-peu, peut-être, plain-chant , pas-d'âne , pragmatique-sanction. Quasi-délit, quart-de-rumb , quatre-vingt-dix-neuf, qui-va-là , quote-part. Remue-ménage, ric-à-ric, rat-d'eau, reine-claude, rendez-vous, rez-de-chaussée , rouge-gorge, rabat-joie, réveille-matin, rose-croix, revenant-bon. Sauf-conduit , sa-voir-vivre , soi-disant , stock-fish, sens-devant-derrière , sous-diacre , sud-sud-ouest, sain-doux, Saint-Marc , saut-de-loup, semi-double, sur-tout, sens-dessus-dessous, songe-creux, souffre-douleur, sauve-garde, sage-femme. Taille-douce, tant-mieux, tiers-état, Tout-Puissant, trois-quarts, taisez-vous, terre-plein, tire-bouchon, tôt-ou-tard, tour-à-tour, tout-à-coup, tout-ou-rien, trouble-fête, trousse-quin, tac-tac, tête-à-tête, tragi-comique, trotte-menu, tu-autem, tric-trac, te-deum. Vague-mestre, vert-de-gris, vesse-de-loup, vade-mecum, vice-amiral, vif-argent, vis-à-vis, veau-marin, vaille-que-vaille, vide-bouteille, vieux-oing.

## VINGT-CINQUIÈME LEÇON.

### Petites Phrases.

*Dieu est bon. — Les sciences sont utiles. — Le ciel, la terre et tout ce qui existe sont l'ouvrage de Dieu. — Henri quatre fut un grand roi. — Démosthène et Cicéron, sont les deux plus grands orateurs de l'antiquité. — Un sujet doit obéir à son prince. — Horace et Virgile sont les meilleurs doètes latins. — La fierté ne convient à personne. — Ce fut l'envie qui occasionna le premier meurtre du monde. — Le soleil gouverne les saisons. — Descartes mérite notre reconnaissance; nous lui devons la vraie méthode d'étudier. — Chaque science a ses principes. — Les richesses sont souvent plus funestes, que la pauvreté n'est incommode. — L'empereur*

*Tite regardait comme perdus, les jours qu'il avait passés sans faire plaisir à quelqu'un. — Jésus-Christ naquit sous le règne de l'empereur Auguste. — Celui qui met sa confiance en Dieu ne sera pas trompé. — Je doute que personne ait jamais mieux connu les hommes que La Bruyère. — Les Pyrrhoniens étaient des philosophes qui doutaient de tout. — L'empereur Antonin est regardé comme un des plus grands princes qui ayent régné. — Le Czar Pierre-le-Grand arriva en France l'année mil sept cent dix-sept. — Ovide a de grands défauts, mais il est plein de pensées vives et brillantes. — L'Amérique fut découverte en quatorze cent quatre-vingt-douze, par Christophe Colomb. — Les Lacédémoniens donnaient des esclaves ivres en spectacle à leurs enfans, afin de leur faire concevoir plus d'horreur de l'ivrognerie. — On se ser-*

vait d'écorces d'arbres ou de peaux pour écrire, avant que le papier fût en usage. — Les planètes et leurs satellites reçoivent tous leur lumière du soleil. — Alexandre-le-Grand mourut dans Babylone, à l'âge de trente-deux ans. — Les Romains n'avaient point l'usage du verre pour les fenêtres, ni du linge pour les chemises, ni du papier pour l'écriture. — La mer Rouge tire son nom de la couleur de son fond ou de son sable, où il croît beaucoup de corail. — Le siége de Troie, qui dura dix ans, a été chanté par Homère dans son poëme de l'Iliade. — Trajan, Antonin et Marc-Aurèle, ont mérité d'être appelés les délices du genre-humain, parce qu'ils n'ont usé de leur pouvoir que pour faire du bien aux autres. — Boileau ne s'est pas contenté de mettre de la vérité et de la poésie dans ses ouvrages ; il a enseigné son art aux autres. —

Chaulieu a su mêler avec une simplicité noble et touchante, l'esprit et le sentiment, dans tous ses écrits. — En général, les bonnes terres sont celles qui sont fraîches et un peu roussâtres. — L'air influe sur tout ce qui existe, mais ses effets varient, selon la qualité des vapeurs dont il est plus ou moins chargé, selon la quantité de calorique qu'il contient. — Rome fut bâtie par Romulus, vers la fin de la septième Olympiade, l'an du monde trois mille deux cent cinquante. — L'allemand Pierre Schœffer, fut l'inventeur de la fonte des caractères d'imprimerie, en mil quatre cent cinquante deux; et Jean Gutenberg, de Mayence, celui des caractères mobiles, seize ans auparavant. — Montesquieu est un de ces hommes extraordinaires qui font époque dans tous les siècles, en formant à eux seuls un vaste foyer de

lumières.—Buffon est un des phénomènes de l'Univers qu'il peint. Par
ses grandes idées il a rendu sa langue plus éloquente, et par ses grandes
images il l'a rendue plus poétique.
—De toutes les productions de l'art
qui ont échappé à la puissance du
tems, la statue de l'Apollon du Bel-
véder est la plus sublime.—La France
est, sans contredit, la plus belle et la
plus riche contrée de l'Europe.

# VINGT-SIXIÈME LEÇON.

## Maximes et Réflexions.

*L'orgueil est le plus ridicule et le plus sot de tous les vices. — Nos plus grands ennemis sont ceux qui cherchent à nous détourner de nos devoirs. — Nous devons de la reconnaissance à tous ceux qui nous disent nos vérités. — Les bons conseils sont nécessaires aux jeunes gens. — Le jeune homme qui cultive la vertu et les sciences, goûte un bonheur plus solide que celui qui passe sa vie dans la dissipation et les plaisirs. — Nous nous épargnerions bien des chagrins, si nous savions réprimer nos passions. — Il n'y a point de contentement égal à celui qui vient d'une bonne action. — Du grand nombre d'amis qui nous accablent dans la prospérité, il ne nous en reste souvent pas un dans l'adversité. — Il faut toujours avoir l'esprit égal, soit dans la bonne, soit dans la mauvaise fortune. — Un enfant ne doit rien faire que ce qui lui est permis ou ordonné. — Evitez l'oisiveté, parce qu'elle est la source de tous* les vices. — *Vouloir ce que Dieu veut, est la seule science qui nous mette en repos.* — *Avec de la douceur et de la complaisance, on obtient des autres tout ce qu'on peut raisonnablement desirer.* — *La paresse rend incapable de tout.* — *Les louanges, disait Henri IV, seraient d'un grand prix, si elles nous donnaient les perfections qui nous manquent.* — *On peut se corriger de tous ses défauts quand on le veut sincèrement.* — *Les enfans qui ont de l'orgueil et qui manquent d'esprit, ne peuvent sans humeur supporter les réprimandes.* — *On doit tout attendre des jeunes gens dociles, reconnaissans et qui aiment la lecture.* — *Il faut rougir d'avoir fait une faute, et non rougir de la reconnaître.* — *On augmente ses torts en cherchant à les excuser.* — *Il n'y a que les sots et les orgueilleux qui veulent toujours avoir raison.* — *L'âme d'un paresseux ressemble à une terre qu'on ne cultive pas, elle ne produit que des ronces et des chardons.* — *Les jeunes gens n'acquerront jamais des vertus, des talens, de l'instruction et des agrémens, s'ils n'écoutent pas avec attention, et ne suivent pas exactement les conseils qu'on leur donne.* —

Fréquentez les gens de bien, et vous le deviendrez. — Ni les biens ni les honneurs ne valent pas la santé. — La politesse consiste à ne rien faire, à ne rien dire qui puisse déplaire aux autres, à faire et à dire tout ce qui peut leur plaire, et cela avec des manières et une façon de s'exprimer qui ayent quelque chose de noble et d'aisé, de fin et de délicat. — Celui qui sait se faire aimer, entreprend peu d'affaires qui ne lui réussissent. — La sobriété rend la nourriture la plus simple, très-agréable : c'est elle qui donne avec la santé la plus vigoureuse, les plaisirs les plus purs et les plus constans. — Le bon emploi du temps est une des choses qui contribuent le plus à notre bonheur. — Nous devons toujours parler le plus sagement, et nous énoncer le plus clairement qu'il nous est possible. — Pour parler avec grâce, il faut ne parler ni trop haut ni entre les dents, et d'un ton qui ne soit ni familier, ni honteux. — Un discours doit être prononcé clairement, distinctement, noblement et vivement. — Un discours n'est beau, qu'autant qu'il contient de solides raisonnemens et de nobles expressions. — Quand on n'a rien de grand que la naissance, on est, et l'on paraît d'autant plus petit que cette naissance est plus grande. — Si nous ne nous flattions point nous-mêmes, la flatterie des autres ne nous serait pas si nuisible. — Fuyez les procès sur toutes choses; souvent la conscience s'y intéresse, la santé s'y altère, les biens s'y dissipent. — Quelqu'un qui sait la politesse, a soin de ne rien dire de désobligeant à personne. — La crainte et la honte accompagnent toujours le mal; ce sont de vraies marques qui le font connaître. — Nous ne devons jamais parler de ce que nous ne savons pas. — On ne doit jamais parler mal de qui que ce soit en son absence. — La civilité exige que nous ayons de l'attention à ce qu'on nous dit. — Aimez avec respect et servez avec amour votre père et votre mère. — Offrez toujours à Dieu un hommage pieux plutôt que magnifique, parce que Dieu regarde si nos mains sont pures et non si elles sont pleines. — Quand vous avez une demande à faire, examinez auparavant si elle est juste. — La modestie, qui semble jeter un voile sur les plus belles actions, et qui n'est attentive qu'à les couvrir, sert malgré elle à les relever davantage, et à leur donner un lustre qui les rend plus éclatantes. — Une bonne éducation étant le plus grand des bienfaits, on doit chérir comme un tendre père, l'instituteur auquel on doit de l'instruction et de bons principes. — Tous les biens et tous les avantages dont nous jouissons sur la terre, viennent de Dieu; nous devons donc lui en rendre de continuelles actions de grâces.

# VINGT-SEPTIÈME LEÇON.

## *Anecdotes.*

M. Duhamel ayant été nommé inspecteur de la Marine, rencontra un jeune officier qui tâchait d'expliquer un phénomène, dont M. Duhamel avoua ingénûment qu'il ignorait la cause. Le jeune homme lui demanda ironiquement, à quoi donc il servait d'être de l'Académie. *On y apprend*, repartit M. Duhamel, *à ne parler que de ce que l'on sait.*

Lorsque François I<sup>er</sup>. passa dans Manosque, il logea chez un particulier dont la fille lui avait présenté les clefs de la ville. C'était une jeune personne dont la sagesse embellissait encore les charmes. S'étant aperçue qu'elle avait fait sur l'esprit du Roi une impression que ce monarque n'avait pu cacher, elle alla mettre du soufre dans un réchaud, et en reçut la fumée au visage pour se défigurer, ce qui lui réussit au point qu'elle devint méconnaissable. François I<sup>er</sup>. fut d'autant plus

.9.

frappé de ce trait de vertu, qu'ici la vanité
de subjuguer un roi, était un piège dangereux
dans un âge où l'envie de plaire est déjà si
forte et si naturelle. Le Monarque voulant
lui donner une marque de son estime, lui
assura une somme considérable pour sa dot.

***

Appius, vieillard infirme, fut proscrit par
les Triumvirs; et ne croyant pas que le peu
qui lui restait d'une vie languissante, valût
la peine de le conserver, il renonça à l'espérance de se sauver, et se décida à rester
tranquillement dans sa maison, et à mourir :
mais il ne put résister aux pressantes ins-
tances de son fils, qui le prit sur ses épaules,
et chargé de ce précieux fardeau, le porta
à travers la ville, inconnu aux uns et admiré
des autres. Le jeune Appius eut le bonheur
de conduire son père hors de Rome; alors il
l'aida à marcher, le soutenant dans ses bras,
et de tems en tems le reprenant sur son dos,
ils arrivèrent ainsi heureusement à la mer :
là ils s'embarquèrent et passèrent en Sicile.
Le peuple Romain conserva le souvenir de
cette pieuse action. La proscription finie, le
jeune Appius, de retour à Rome, fut fait

Édile, et on lui donna deux fois la valeur du bien qu'il avait perdu.

---

FRÉDÉRIC II, roi de Prusse, étant un jour très-affairé dans son appartement, sonna à plusieurs reprises, et personne ne vint. Il ouvrit sa porte, et trouva son page endormi dans un fauteuil. Il avança vers lui, et allait le réveiller, lorsqu'il aperçut un bout de billet qui sortait de sa poche. Il fut curieux de savoir ce que c'était; il le prit et le lut. C'était une lettre de la mère du jeune homme, qui le remerciait de ce qu'il lui envoyait une partie de ses gages pour la soulager dans sa misère. Elle finissait par lui dire, que Dieu le bénirait pour cette bonne conduite. Le Roi, après avoir lu, rentra doucement dans sa chambre, prit une bourse de ducats, et la glissa avec la lettre dans la poche du page. Rentré dans sa chambre, il sonna si fort, que le page se réveilla, et entra. Tu as bien dormi! lui dit le Roi. Le page voulut s'excuser. Dans son embarras, il mit par hasard la main dans sa poche, et sentit avec étonnement la bourse. Il la tire, pâlit, et regarde le Roi, en versant un torrent de larmes, sans pouvoir prononcer une parole. Qu'est - ce ? dit Frédéric ; qu'as-tu ? Ah ! Sire, dit le jeune homme, en se précipitant à genoux, on veut me perdre ; je ne sais ce que c'est que cet argent que je trouve dans ma poche. Mon ami, dit ce grand Roi, Dieu nous envoie souvent le bien en dormant ; envoie cela à ta mère, salue-la de ma part, et assure-la que j'aurai soin d'elle et de toi.

---

Le fameux PAUL, fils d'une lavandière provençale, vint au monde dans un bateau, au milieu d'une tempête. De simple mousse il devint vice-amiral. Un jour qu'il passait sur le port de Marseille, accompagné des officiers des Galères, il aperçut un matelot de sa connaissance qui, attiré comme les autres par le désir de le voir et d'être aperçu peut-être, n'osait pourtant se montrer. Le chevalier Paul, qui vit son embarras, s'approcha : Pourquoi me fuyez-vous ? croyez-vous que la fortune m'ait fait oublier mes anciens amis ? Ensuite se tournant vers ceux qui l'accompagnaient : Messieurs, voilà un de mes anciens camarades ; nous avons été mousses sur le même vaisseau : la fortune m'a

té favorable ; elle lui a été contraire, je ne
'en estime pas moins. Souffrez que je m'en-
retienne un moment avec lui. Il lui procura
n emploi honnête, qui fit le bonheur de
sa famille. Voilà de ces traits qui prouvent
le héros, car la gloire n'est jamais où la
vertu n'est pas.

---

L'amitié, ce sentiment si tiède et si nul
pour la plupart des hommes personnels que
nous voyons, est encore une passion vive et
sublime chez les habitans de nos provinces
méridionales. Les Marseillais sur-tout, issus
des Grecs, et, comme ces peuples, sensibles
avec excès, ont des saillies de caractère ad-
mirables, et peu d'années se passent sans que
les citoyens de cette heureuse contrée lais-
sent échapper quelques-uns de ces traits qui
rendent l'histoire ancienne si touchante.

En voici un qui prouve la vérité de cette
assertion.

M. de Pastoret père, un des plus intègres
et des plus éclairés magistrats qu'ait eu Marseille, avait depuis long-tems pour fermiers
d'un de ses héritages, deux frères nommés

*Arragon.* Ces deux frères s'étaient toujours aimés de la plus inaltérable amitié. En hiver, les soirées sont bien longues à la campagne ! Ce climat d'ailleurs invite assez les hommes à se ressouvenir que si la vie est un bienfait, on ne le reçoit de la nature qu'avec l'obligation de le transmettre. Ils songèrent donc à se marier ; car il n'y a que les malhonnêtes gens et les libertins qui redoutent les chastes liens du mariage.

Dire qu'ils vécurent d'abord en commun, et assez paisiblement, on s'y attend. Mais on ne s'attend guères, sans doute, que les deux femmes, formées d'un sang étranger, et ayant des intérêts différens, aient pu s'accorder éternellement. Aussi la paix ne dura-t-elle que quelques années. La femme de l'aîné eut dix enfans en huit ans ; celle du cadet n'en eut point. La première était d'humeur plus difficile ; la seconde sentait peut-être ses avantages. On avait vécu jusques-là dans la même famille, et sans avoir songé à partager les dots et les profits. Une querelle survint. Les querelles provençales sont comme les vents, les orages et les chaleurs de cet ardent climat, c'est-à-dire fort vives, pour ne rien dire de plus. Il fut décidé qu'on ferait le partage en question et qu'on se séparerait. C'étaient les femmes qui criaient et qui le voulaient, il fallait bien que les pauvres maris obéissent.

On se rendit un dimanche matin chez M. de Pastoret. Il est d'usage, en pareils cas, que l'une des deux parties fasse les lots de partage, et que l'autre choisisse ce qui lui plaît. Voilà les parts faites par l'aîné en présence des femmes et des dix enfans. Des larmes coulaient, une pâleur mortelle, un silence expressif et douloureux attestaient le déchirement des cœurs fraternels. Le cadet choisit enfin d'une main tremblante, et dit : Je prends cette part, frère ; mais..... elle n'est pas complette. — Elle l'est, mon ami, dit l'aîné ; elle l'est, tu le sais bien. — Je sais et je vois qu'elle n'est pas égale, et qu'il y manque ce que j'en aime le plus.... Eh ! crois-tu, cruel, que moi, qui n'ai point d'enfans, je vais diviser nos biens, sans partager aussi ta famille ? J'en veux la moitié ; je choisis cinq de ces enfans, et je prends les cadets et cadettes, afin que les plus grands puissent t'aider dans tes travaux ; ce que j'exige-là, ma femme le veut comme moi. — Le ton dont cela fut dit, l'impression qui se fit dans toutes les physionomies , changèrent soudain ce rendez-vous d'intérêt en scène délicieuse. Les neveux sautèrent au coup de l'oncle, les belles-sœurs s'embrassèrent en pleurant, et les deux frères..... Non, je ne décrirai point leurs étreintes.... O Greuze! ô Vernet! que n'étiez-vous là pour saisir les éloquentes expressions dont l'honnêteté et la sainte amitié animaient les physionomies des deux frères! J'aimerais bien mieux voir un pareil tableau éclore sous vos touches morales et vraies, que d'admirer avec effroi vos tempêtes et vos malédictions paternelles. Les beaux-arts ne devraient peindre que la belle nature, et s'arrêter peut-être là où l'expression se force, s'exagère et devient hideuse.

# VINGT-HUITIÈME LEÇON.

## La Mère attachée.

### *CONTE.*

Un matin, avant d'aller au collége, d'Orly se présente à la porte de sa mère, et attend qu'elle paraisse. Dès que la bonne eut ouvert, il se précipite dans l'appartement, et va au lit de sa mère. Il se jette dans ses bras fondant en larmes, et lui demande, en sanglottant, si elle ne l'aime plus ? A ce mot, suffoquant pour madame d'Orly, elle fait un cri : —Moi ne plus t'aimer !... Et elle lui prodigua en un instant toutes les caresses suspendues depuis deux mois. — Moi ne plus t'aimer, répétait cette tendre mère : d'Orly ! mon ami ! mon aîné, le soutien de ta mère ! l'image de ton père ! tu m'es plus cher que ma vie !.... Mais, écoute-moi, mon cher enfant..... Tu es homme, ou du moins destiné à l'être : il faut que tu commences à prendre de la consistance, de la fermeté, de la gravité ; les caresses mignardes sont au-dessous de toi : je commence à te considérer comme un homme, comme le représentant de ton père : je t'aime autant, et même plus qu'autrefois ; mais si mon cœur est toujours le même, la démonstration doit changer. Elle t'est plus honorable à présent ; elle marque, ô mon cher fils ! que tu n'es plus un enfant... Va t'instruire, mon fils : va, par la science et le mérite qu'elle donne, te préparer à être un jour la gloire et la consolation de ta tendre mère. Que sait-on ? peut-être un jour, si des malheurs arrivaient, n'aurais-je de ressource, moi et ces deux enfans, que dans le mérite et le talent de mon aîné ! A ce mot, le jeune d'Orly, déjà pleinement rassuré par les caresses de sa mère, poussa un cri de joie : — Laisse - moi faire, maman ! ha ! comme je vais étudier ! — Mon ami, lui dit sa mère, je peux te tutoyer ; mais il est trop enfantin que tu me tutoies. — Ma mère !... je vous honore, je vous révère... et je ne vous tutoierai plus. Il partit sérieux, en achevant ces mots, et dès ce moment on vit cet aimable enfant prendre une gravité d'homme. Il ne la porta cependant pas à l'excès, et ce fut sa mère qui l'en empêcha.

Un jour qu'ils étaient seuls, le père dînant

en ville, d'Orly demeurait grave avec son frère et sa sœur, qui jouaient et qui l'agaçaient quelquefois. Sa mère s'en aperçut : elle craignit qu'il ne donnât dans la roideur, et qu'il ne devînt un de ces petits Catons insupportables, qu'on rencontre si souvent aujourd'hui dans la société. — Mon fils, lui dit-elle, les extrêmes sont faciles, mais dangereux : tu sais combien tu m'es cher ; je voudrais te faire éviter tous les écueils. Je tiens de mon parrain qu'il ne faut pas dénaturer les âges, et que les actions, le rire, les paroles, tout enfin doit indiquer celui où l'on est, tout comme la taille et le visage ; sans quoi, c'est se déguiser, c'est mentir. Chaque âge a son amabilité dont il faut user : d'où vient une vieille femme, qui veut prendre le ton enfantin, est-elle si ridicule ? C'est qu'elle fait contraster ses manières avec son physique : un jeune homme trop sérieux, qui veut affecter le rassis d'un homme de quarante ans, est également ridicule. Mon cher fils, joue quelquefois avec ton frère et ta sœur ; joue avec tes camarades ; mais sans excès, et en évitant ce qu'on nomme la polissonnerie, qui ne convient à aucun âge : gradue ton air sur tes années ; et comme tu me paraîs très-avancé, que j'espère que ton amitié pour moi te fera t'appliquer, sans pourtant te fatiguer trop, j'ai encore une leçon à te donner; ce sera, quand tu seras savant, à dix-huit et vingt-ans, par exemple, de ne pas décider, mais d'écouter modestement les hommes plus âgés : souvent un jeune homme, faute d'écouter jusqu'au bout un vieillard, croit qu'il se trompe, l'interrompt indécemment, et l'empêche d'achever : s'il avait attendu, il aurait vu que la proposition était sensée : il se prive ainsi d'instruction, et demeure superficiel; mais, eût-il raison, et le vieillard tort, il devrait, ou se taire, ou proposer modestement son sentiment à une personne éclairée; car on n'a qu'une science indigeste, avant trente et quelquefois quarante ans. Mon fils, évitez le pédantisme; ne jetez pas trop votre science au dehors; laissez-la mûrir, si vous voulez qu'elle produise des fruits solides. Tout ce que je vous dis là n'est pas de moi, je le tiens de M. de Fondmagne, qui m'a servi de père, et qui vous protégera tous. Madame d'Orly achevait à peine ces derniers mots, que la porte d'un cabinet voisin s'ouvrit brusquement; ce furent M. de Fondmagne et M. d'Orly qui en sortirent, et qui la prirent dans leurs bras : ils y réunirent le fils et la mère, en disant à celle-ci : — Vous êtes le chef-d'œuvre de la maternité.... Et à l'autre : — Tu ne peux jamais rien entendre de plus sage, que ce que vient de te dire ta mère : va, heureux enfant; car tu l'as toujours été; va où ton devoir t'appelle : nous sommes sûrs de toi, c'est-à-dire que tu feras un sujet excellent ; ta mère t'aime avec une vérité, une raison qui pénétrera toujours ton cœur, et qui le rendrait bon, s'il ne l'était pas naturellement.

Ils ne se sont pas trompés : d'Orly est aujourd'hui un excellent sujet! mais fidèle aux sages avis de sa tendre mère, il reste dans la modestie : cependant il s'est distingué dans une occasion.

On avait proposé un prix pour l'action la plus vertueuse : d'Orly aime beaucoup la vertu ; mais il aurait été assez indifférent sur le prix, s'il n'avait pas ardemment désiré de donner un moment d'ivresse de joie à sa mère. Il réfléchit à faire une action, qui ne serait pas du caractère de son âge, et il eut le bonheur d'en trouver l'occasion. Il sut qu'une pauvre ravaudeuse, chargée de huit enfans, avait eu le malheur d'avoir la cuisse cassée par un cabriolet qui s'était échappé, quoiqu'il parût appartenir à quelqu'un de grande distinction. D'Orly avait un peu d'argent pour ses menus plaisirs, et pour quelques achats de livres, qu'on laissait à sa disposition ( mais on le surveillait ) : il vendit ses livres, ramassa ce qu'il avait, se priva de tout absolument, entre autres de fruit à ses déjeûners, quoiqu'il l'aimât passionnément, et porta de deux jours l'un des secours à la femme. Quand tout fut épuisé, le hasard lui fit trouver un porte-feuille précieux qui le combla de joie. Il n'en parla pas; mais le lendemain, en allant au collége, il entra dans un café, y lut les *Petites-Affiches*, ouvrage si utile à Paris, et courut porter le porte-feuille au propriétaire. C'était un homme de finance, qui, voyant un écolier, fut touché de son air honnête et doubla la récompense. Le jeune d'Orly ne pouvait se contenir; il saute de joie, et s'enfuit en courant de toute sa force. Le financier, surpris de cet amour de l'argent dans un jeune homme, le fit suivre. D'Orly entra chez la ravaudeuse,

et lui remit un louis : c'était la huitième partie de ce qu'il avait reçu. Ensuite, sans s'arrêter, il se rendit à son collége tout en sueur.
Le domestique alla rendre compte de ce qu'il
avait vu. Le financier fut curieux : il fit mettre
ses chevaux, et vint d'abord chez la ravaudeuse : il trouva une pauvre femme, et des
marmots fort sales ; il demanda le nom du
jeune homme qui était venu chez elle ; la malade raconta prolixement son aventure (c'é-
tait pour toucher : tant l'art oratoire est naturel !); ensuite elle dit : — Monsieur, c'est
un jeune écolier que je voyais tous les jours,
mais qui jamais ne m'avait parlé : il a su mon
accident, et depuis, il m'a tous les deux jours
apporté six francs; aujourd'hui voilà un louis...
Mon cher monsieur, si c'est votre fils et qu'il
vous ait volé, je tâcherai de vous le rendre
un jour; mais vous voyez l'usage qu'il en
fait !..... Le financier ne pouvait contenir ses
larmes : il donna quelque chose à la malade,
et lui promit de ne pas l'abandonner : il lui
permit ensuite de recevoir ce que l'écolier
lui donnerait. Les écoliers sortirent du collége,
et le domestique, laissé en sentinelle, vint aver-
tir son maître : on aperçut d'Orly, on le sui-

vit : on le vit entrer chez ses parens. On s'informa. C'était le fils aîné d'une maison respectable. Le financier se tut ; mais il suivit la conduite de l'écolier. Les huit louis furent fidèlement portés à la malade, qui, à ce terme, fut en convalescence. Au dernier louis, le financier, bien sûr de l'emploi, vint se présenter chez les parens de d'Orly, à l'instant où leur fils rentrait. Il demanda un entretien particulier au père, à la mère, et au parrain, M. de Fondmagne, qui se trouva là : il leur raconta tout ce qu'il savait. On appela le jeune homme. M. de Fondmagne lui dit froidement: — C'est toi qui as trouvé le portefeuille de Monsieur? — Oui, mon parrain! — Et tu as reçu de l'argent! — O mon parrain..... c'est que.... c'est que.... et il baissa la vue. — Qu'en as-tu fait? — En vérité, mon parrain, rien de mal. — Répondez! — Je le dirai à ma mère. Et d'Orly alla parler bas à l'oreille de sa mère, qui ne pouvant se contenir, le pressa contre son sein. — C'est à moi qu'il l'a donné, dit-elle ; et c'est moi qui le lui rendrai......... Allez, mon fils ; laissez-nous un moment...... Dès que son fils fut sorti, cette excellente mère fondit en larmes. Elle se jeta dans les

bras de son mari, elle embrassait son parrain ;
elle remerciait le financier. — Après m'avoir
tout avoué, il m'a prié de dire que c'était à
moi qu'il l'avait donné, parce qu'il respecte
cette femme à cause de sa mère ! — Et cet
enfant, s'écria le financier, réparait le mal
que j'avais fait ! C'est mon cabriolet qui a
blessé la femme. Je vois ici le doigt de la
Providence ! Je perds mon portefeuille ; je
double la récompense, parce que c'est un
jeune homme, pour l'encourager au bien,
et cet argent est donné à celle à qui je le de-
vais !.... C'est un ordre du Ciel : cette femme
aura une pension ; je prendrai soin de sĕs
huit enfans : qu'elle soit éternellement recon-
naissante pour votre cher fils, pour sa digne
mère ; car les vertus des enfans appartiennent
aux parens. Continuez, Madame, le travail
n'est pas fini, mais qu'il est heureusement
commencé !

# VINGT-NEUVIÈME LEÇON.

## *Dialogue entre une Mère et sa Fille, âgée de 7 ou 8 ans.*

L'Enfant. Maman, le livre que vous m'avez donné m'amuse beaucoup; j'aime bien la lecture.

La Mère. Tant mieux, c'est de tous les goûts le plus utile, pourvu qu'on ne lise que de bons livres.

L'Enfant. Les bons livres sont ceux qui nous instruisent!

La Mère. Oui, tous les livres qui nous enseignent à devenir meilleurs, à nous bien conduire. Mais ce n'est pas assez de les aimer et de les lire avec plaisir, il faut suivre les bons conseils qu'on y trouve. Songez-vous à cela en lisant?

L'Enfant. Pas trop, maman.

La Mère. Eh bien, c'est tout comme si vous ne lisiez pas. Il faut, ma chère amie, prendre une excellente habitude, qui vous perfectionnera beaucoup et promptement; c'est de vous promettre que vous mettrez en pratique, c'est-à-dire, que vous ferez vous-même sur-le-champ, quand cela sera possible, toutes les actions vertueuses que vous trouverez dans un livre, et que vous n'aurez point encore faites.

L'Enfant. Oui maman, je vous promets cela.

La Mère. C'est alors que vous profiterez de vos lectures. Car, à quoi sert d'admirer une chose, si on ne veut pas l'imiter. Les méchans eux-mêmes admirent la vertu, parce que rien n'est si beau que la vertu ; mais ils l'admirent sans la pratiquer.

L'Enfant. Je ne veux pas admirer seulement comme les méchans ; j'imiterai tant que je pourrai toutes les bonnes actions. Maman, j'ai lu hier qu'un enfant avait imaginé une bien jolie chose pour faire du bien à une pauvre femme.

La Mère. Contez-moi cette histoire.

L'Enfant. La voici, maman. Cette enfant recevait pour ses étreunes et au jour de sa naissance bien des joujoux, et des poupées, et des morceaux de gaze et d'étoffe pour habiller les poupées quand leurs habits seraient usés. Cette enfant ( qui se nommait *Jenny* ) devint tout d'un coup si soigneuse que tout le monde s'en étonnait (mais vous saurez pourquoi tout-à-l'heure). Comme différentes personnes lui donnaient des joujoux, il s'en trouvait toujours plusieurs qui se ressemblaient beaucoup ; alors Jenny serrait une partie de ces joujoux et ne jouait point du tout avec. Par exemple, quand on lui donnait deux petits ménages également complets, elle en serrait un, et ne jouait qu'avec l'autre, et elle fesait de même pour les poupées et pour toutes les autres choses ; outre cela elle avait le plus grand soin de ne rien casser des joujoux avec lesquels elle jouait, et elle prenait bien garde de les gâter. Enfin elle fesait, peu-à-peu, des habits neufs pour les poupées, et quand les étrenues ou le jour de sa naissance approchaient, on ne lui voyait plus du tout de joujoux; il ne lui en restait pas un seul, à l'exception de quelques petites choses brisées ou gâtées. Mais savez-vous, maman, ce qu'elle en avait fait? C'est là ce qui est charmant!

La Mère. Eh bien?

L'Enfant. Jenny connaissait une vieille femme bien pauvre, qui fesait, pour gagner sa vie, un petit négoce de tous ces joujoux,

Quand Jenny recevait ses joujoux , elle donnait quelques jours après à la femme les joujoux ressemblans aux autres qu'elle avait serrés à part. La bonne femme vendait tout de suite ces joujoux tout neufs, ce qui lui fesait attendre patiemment les autres ; ensuite quand les étrennes approchaient, Jenny donnait encore les joujoux en bon état qu'elle nétoyait bien avant ; et puis elle déshabillait les poupées et les rhabillait avec les habits neufs qu'elle avait faits, et puis elle les donnait encore à la femme qui les vendait à merveille, parce qu'elles étaient charmantes, puisque les habits étaient neufs....

LA MÈRE. Les poupées cependant étaient vieilles ?

L'ENFANT. Oui, maman, mais avec leurs beaux habits elles étaient comme toutes neuves.

LA MÈRE. Elles n'avaient donc pas le front, et les joues, et les bras rompus, et le nez cassé ?

L'ENFANT. Ah! maman, j'entends bien ce que vous voulez dire; il est vrai que jusqu'ici j'ai toujours cassé le nez de mes poupées....

La Mère. Et puis vous perdez la plus grande partie des pièces de vos ouvrages, et vous brisez les autres.

L'Enfant. Je n'avais pas la bonne idée de Jenny.

La Mère. Pour revenir à votre histoire, je suis de votre avis, je la trouve charmante. Cette Jenny deviendra une personne parfaite, puisque si jeune elle est déjà adroite, laborieuse, soigneuse et bienfesante.

L'Enfant. Maman, je voudrais imiter cette action ; avec ce projet-là je deviendrai bien soigneuse, je ne perdrai plus rien, je ne casserai plus de nez....

La Mère. Je n'en doute pas, parce que vous êtes bonne, et que destinant vos joujoux à faire une bonne action, vous ne voudrez pas les gâter.

L'Enfant. Oh! j'en aurai un soin!..... Mais, maman, il faudra me trouver une pauvre femme.

La Mère. Je m'en charge, et comme je veux contribuer à cette bonne action, quand vous ne recevrez pas en présent des joujoux doubles, je vous donnerai une petite somme que vous remettrez à la femme ; en outre je joindrai à ce que vous donnerez quelques-uns de mes petits ouvrages qu'elle vendra à son profit : des pelotes, des ménagères, des petits paniers, des nattes de paille, et même souvent je vous aiderai à travailler pour les poupées, car rien n'est puérile ou frivole de ce qui peut être utile aux autres.

L'Enfant. Quand commencerons-nous, chère maman ?

La Mère. Aujourd'hui même, si vous voulez.

L'Enfant. Hélas ! je n'ai pas une poupée que l'on puisse habiller, elles sont toutes cassées.

La Mère. J'en ferai acheter deux que nous aurons sans habits, et nous les vêtirons.

L'Enfant. Ah ! chère maman, que vous êtes bonne !

La Mère. Vous devez sentir à présent combien on est coupable quand on n'a nul soin, que l'on perd, que l'on brise tout, puisque cés mêmes choses pourraient faire subsister des pauvres. Les vieux joujoux de Jenny procuraient du pain à une pauvre femme.

L'Enfant. Pour vous, maman, vous ne

perdez rien, pas même les vieux gants et les cachets des lettres que vous recevez.....

La Mère. On vend ces vieux gants à des marchands qui en font de la colle ; ces cachets et ceux que me donnent mes amis auxquels je les demande, forment, au bout de l'année, deux ou trois grands sacs qui se revendent aussi : je donne tout cela à une pauvre femme qui m'a dit qu'elle en retire par an plus d'un louis. Supposons que dans une ville aussi grande que Paris, cinq cents personnes fassent, ainsi que moi, cet amas de vieux gants et de cachets pour les donner à un pauvre, voilà dans une seule ville cinq cents louis d'aumônes de plus, et sans qu'il en ait rien coûté à personne.

L'Enfant. A présent que je sais tout cela, je ne perdrai jamais une épingle.

La Mère. Et vous me promettez de profiter toujours de vos lectures comme nous en sommes convenues ; c'est-à-dire d'imiter tout ce que vous admirerez, comme vous le faites pour le trait de Jenny ?

L'Enfant. Oh oui, maman.

La Mère. Une ingénieuse industrie devient

sublime quand elle est employée au soulage-
ment des infortunés.

L'Enfant. Je le crois, maman.

La Mère. Et quand vous serez un peu plus
âgée, il faudra aussi tâcher d'inventer vous-
même de bonnes actions. J'ai connu une personne qui s'était faite une loi de réfléchir tous
les matins en se levant, pendant une demi-
heure, aux bonnes actions qu'elle pourrait
faire dans la journée, et elle inventait souvent des choses charmantes et toutes nouvelles.

L'Enfant. Je pourrais m'accoutumer à
cela dès à présent.

La Mère. Vous feriez fort bien, et je vous
assure que vous y prendrez un grand plaisir ;
je vous conseille de penser à cela de tems
en tems dans vos promenades.

L'Enfant. Oui, maman, j'y penserai dès
aujourd'hui.

La Mère. Et vous me rendrez compte
avec détail de toutes vos pensées là-dessus ;
cela m'intéresse extrêmement.

L'Enfant. Oh ! soyez sûre, maman, que

je vous dirai désormais toutes les idées qui me viendront pour faire le plus de bien que je pourrai.

LA MÈRE. C'est là le moyen le plus assuré de devenir véritablement bonne et aimable.

# TRENTIÈME LEÇON.

## *Descriptions.*

Les richesses de la nature et les productions des arts se disputent l'étranger qui
arrive à Naples ; cette ville, bâtie en amphi-
théâtre, au fond d'un bassin qui embrasse
plusieurs lieues d'étendue, ayant sous ses
pieds la mer, et sur sa tête le Vésuve (1),
offre dans son ensemble un des plus beaux
aspects de l'univers, et dans ses détails les
sites les plus pittoresques. A droite on voit
la colline de Posilipo, dont la forme, très-
agréable et semi-circulaire, est ornée jusqu'au
haut d'arbres et de maisons de plaisance. Depuis sa pointe qui se perd dans la mer, cette
montagne s'accroît insensiblement, jusqu'à
ce qu'elle arrive derrière le centre de Naples ;
et sur son sommet se voit une vaste tour qui
domine la ville et couronne la scène. On voit
à gauche une chaîne de montagnes très-

______

(1) Ce volcan a environ neuf cents toises d'élévation
perpendiculaire, au-dessus du niveau de la mer.

hautes, qui entourent l'autre côté du golfe, et dont les rudes hardiesses font un contraste des plus heureux avec les beautés élégantes et cultivées de Posilipo. Shakespeare et Corneille auraient toujours regardé du côté du Vésuve ; Racine et Pope du côté de Posilipo.

L'air qu'on respire en ces climats semble féconder le génie ainsi que la terre ; tous les arts de l'imagination sont comme une production du pays. La Poésie, la Peinture, la Musique, ces trois sœurs, dont le but est de peindre et d'embellir la nature, semblent avoir pris leur naissance sous ce beau ciel, où tous les objets qui viennent ravir les esprits, donnent l'envie de les chanter ou de les peindre.

Depuis Virgile jusqu'au Tasse, et depuis Horace jusqu'à Sannazar, ce pays fut aimé des poëtes, qui y sont venus à l'envi échauffer leur génie, tailler leurs crayons et embellir leurs vers des couleurs de la nature.

----

De toutes les productions de l'art qui ont échappé à la puissance du tems, la statue de l'*Apollon du Belvédère* est, sans contredit, la plus sublime. L'artiste a conçu cet ouvrage sur l'idéal, et n'a employé de matière que ce qu'il lui en fallait pour exécuter et rendre sensible sa pensée. Autant la description qu'Homère a donnée d'Apollon surpasse les descriptions qu'en ont faites après lui les poètes, autant cette figure l'emporte sur toutes les figures de ce dieu. Sa structure est au-dessus de celle de l'homme, et son attitude respire la majesté. Un éternel printems, tel que celui qui règne dans les champs fortunés de l'Elysée, revêt d'une aimable jeunesse les mâles beautés de son corps, et brille avec douceur sur la fière structure de ses membres. Tâchez de pénétrer dans l'empire des beautés corporelles ; cherchez à devenir créateur d'une nature céleste pour élever votre âme à la contemplation des beautés surnaturelles; car il n'y a rien ici qui soit mortel, rien qui soit sujet aux besoins de l'humanité: ce corps n'est ni échauffé par des veines, ni agité par des nerfs; un esprit céleste répandu comme un doux ruisseau, circule, pour ainsi dire, sur toute la circonscription de cette figure. Il a poursuivi Python, contre lequel

il a tendu , pour la première fois , son arc
redoutable ; dans sa course rapide , il l'a
atteint, et lui a porté le coup mortel. De la
hauteur de sa joie , son auguste regard péné-
trant dans l'infini , s'étend bien au-delà de sa
victoire. Le dédain siége sur ses lèvres ; l'in-
dignation qu'il respire gonfle ses narines , et
monte jusqu'à ses sourcils ; mais une paix
inaltérable est exprimée sur son front , et son
œil est plein de douceur, comme s'il était au
milieu des Muses empressées à lui prodiguer
leurs caresses. Parmi toutes les figures de
Jupiter , enfantées par l'art et parvenues
jusqu'à nous , vous ne verrez dans aucune le
père des dieux approcher de cette grandeur
avec laquelle il se manifesta jadis à l'intelligence du poète, comme dans les traits que
nous offre ici son fils. Les beautés individuelles
de tous les autres dieux sont réunies dans
cette figure , comme dans la divine Pandore.
Ce front est le front de Jupiter , renfermant
la déesse de la Sagesse ; ces sourcils , par leur
mouvement, annoncent leur volonté ; ces
yeux dans leur orbite cintré, sont les yeux de
la reine des déesses , et cette bouche , est la
même bouche qui inspirait la volupté au beau

Bacchus. Semblables aux tendres rejetons de la vigne, ses beaux cheveux flottent autour de sa tête divine, comme s'ils étaient légèrement agités par l'haleine du Zéphir ; ils semblent parfumés de l'essence des dieux, et attachés négligemment au sommet par la main des Grâces. A l'aspect de ce prodige de l'art, j'oublie tout le monde, je prends moi-même une position plus noble pour le contempler avec dignité. Saisi de respect, je sens ma poitrine qui se dilate et s'élève ; sentiment qu'éprouvent ceux qui sont remplis de l'esprit de prophétie ; je suis transporté à Délos et dans les bois sacrés de la Lycie, lieux qu'Apollon honorait de sa présence ; car la beauté que j'ai devant les yeux paraît recevoir le mouvement, comme le reçut jadis la beauté qu'enfanta le ciseau de Pigmalion. Comment pouvoir te décrire, ô inimitable chef-d'œuvre ! les traits que je viens de crayonner, je les dépose à tes pieds ; ainsi, ceux qui ne peuvent atteindre jusqu'à la tête de la divinité qu'ils révèrent, mettent à ses pieds les guirlandes dont ils auraient voulu la couronner.

Pendant mon séjour à T..... en 1781, le hasard a rapproché en ma faveur trois scènes en trois jours, dont je conserverai éternellement la mémoire.

J'ai vu le départ d'une flotte royale ; l'arrivée d'un convoi du Levant, et le retour de plusieurs vaisseaux de ligne délabrés, rasés, dépeuplés. Que de réflexions philosophiques ! que de sentimens agréables ou douloureux ces contrastes font naître ! mon cœur ni mon esprit n'y peuvent suffire.

C'était vers les trois heures après midi : un coup de canon fit appareiller ; un second, déployer toutes les voiles ; et le vaisseau amiral ayant le premier pris le vent, vira de bord, et enfila l'ouverture de la rade qui jette en pleine mer. Le rivage fut incontinent bordé d'une foule innombrable : on y accourait de la ville, des villages et de toutes les campagnes voisines. Les vaisseaux de partance, pompeusement décorés de pavois fleurdelisés, et de flammes de toutes couleurs, passaient à notre vue, en saluant les forts, qui leur rendaient la même décharge. Les tillacs étaient couverts de monde : chacun braquait sa lorguette ; on s'appelait, on s·

répondait, et les échos étaient fatigués de ce vacarme. Au milieu de ce vaste appareil, la musique militaire retentissait au loin, comme un concert sur l'eau. Ailleurs les cris d'une joie insensée se mêlaient dans l'air aux accens étouffés des plus lamentables adieux ; de malheureux enfans, des femmes éplorées, agitées de sinistres pressentimens, tendaient leurs bras, et s'inclinaient mille fois, lorsqu'ils voyaient passer devant eux le vaisseau qui leur enlevait, peut-être, hélas ! pour toujours, un père, un époux, un ami. Cependant les vaisseaux, riches d'agrès et de décorations, se suivaient majestueusement au nombre de plus de vingt : ils semblaient se toucher, et marchaient pourtant à la distance d'un quart de lieue les uns des autres. Tandis que les premiers se trouvaient déjà loin de nous, et paraissaient comme peints au fond de l'horizon, les derniers débouquaient le canal et forçaient de voiles pour atteindre les amiraux, et se *former en conserve*. En moins de deux heures, toute la flotte fut ralliée, et disparut comme enveloppée de vapeurs.

Changement de scène : le lendemain, vers

la même heure, on signale une flotte ; le canon tire. Elle est française. Grand hour-vari ! elle approche rapidement ; la voilà dans le détroit. Quelques vaisseaux de 74, environ trente petits navires sur leur lest, et six frégates composaient cette malheureuse escadre. Ce n'étaient plus ces proues richement peintes, ces banderolles flottantes, ces équipages frais et complets, et cette allégresse universelle dont les éclats m'avaient frappé la veille. Je ne voyais que des vaisseaux désagréés, louvoyant silencieusement du midi au nord, et du nord au midi, pour avancer vers la rade en zigzaguant. A mesure qu'ils se rapprochaient de la côte, à droite ou à gauche, la foule accourait, demandant avec d'horribles palpitations de cœur : — Mon père, mon fils, mon mari vit-il ? — est-il là ? — où est-il ? Et les vaisseaux d'aller, et mille cris de redoubler. Apercevait-on, ou croyait-on apercevoir celui que d'avides regards cherchaient, une joie folle dans ses démonstrations, mais sublime en son énergie, éclatait soudainement.... Un affreux porte-voix fesait-il retentir ces mots tragiques : *il est mort,* les cris du désespoir, le saisissement de la terreur, et la pâleur de la mort elle-même, offraient sur ce même rivage, des scènes fatigantes à l'excès pour l'homme trop sensible qui en était le témoin.... Une multitude infinie de soldats, de matelots, d'officiers estropiés, tronqués, éborgnés, déchirés par des blessures profondes, qu'on débarquait sur le rivage ; le nom de ceux qui avaient péri pendant la campagne et au dernier combat, achevait le terrible et douloureux tableau dont je viens de vous donner une bien faible exquisse.

Mais détournons nos regards de ces scènes sanglantes, pour les reposer sur un tableau plus agréable et plus consolant.

On signale encore une flotte, non de celles qui sont l'image imposante de la grandeur des monarques, et qui partent pour les extrémités du globe, chargées de ministres de leurs vengeances ; mais une flotte marchande de près de cent voiles. Deux vaisseaux et quatre frégates la convoyent, rôdent à l'entour, pressent les traîneurs, ramènent les dérivans, ralentissent les *oiseaux*. Je crois voir, si les petits objets peuvent se comparer aux grands, des mères-poules veillant sur leurs poussins, les rassemblant sous leurs ailes, les conduisant, les protégeant par-tout avec de tendres inquiétudes. Les marins, dont le coup-d'œil est si exercé, reconnaissent déjà les vaisseaux; ils les comptent, ils les nomment tous. Les négocians, les armateurs, tous les citoyens accourent, transportés d'allégresse. Là, sont les meilleurs vins de Chio, les fruits mûris par le soleil d'Asie et d'Afrique, les moissons de Moka, les gommes précieuses d'Arabie, les cotons de Salonique, les soies de Smyrne, les essences de Chypre et de Malte, les perles de l'Inde, les productions de tous les climats.

Quel spectacle merveilleux! Les vents frémissant dans les cordages; les cris des matelots travaillant à la manœuvre au son d'un sifflet aigu; le sourd bruissement des flots écumeux que fend un rapide sillage; des coups de canon de loin en loin; tout cet ensemble tumultueux, mais ordonné, est l'âme du plus beau concert qui puisse remplir les oreilles, et du plus magnifique opéra qu'ait jamais inventé l'homme, pour donner à l'homme une preuve de sa puissance et de son génie.

L'appareil de la Fête-Dieu, dont j'ai plusieurs fois vu la pompe imposante à Marseille, avant la révolution, était un spectacle trop majestueux, pour ne pas le retracer ici à l'imagination du lecteur.

Dès le matin, tous les navires qui étaient dans le port, arboraient leurs flammes et leurs pavillons, les quais étaient balayés, arrosés et semés de fleurs. Les marins, en habit de fête, le gilet de coutil bleu, et leur bonnet rouge de Tunis, ne travaillaient pas; ils se reposaient et fumaient. Toutes les confrairies, rangées sous leurs bannières, ouvraient l'ordre de la procession, et marchaient lentement au bruit des tambourins et des galoubets. Celle des jardiniers était sur-tout remarquable par les *phénomènes potagers* que chaque membre tâchait de faire éclore pour décorer son cierge.

Plusieurs centaines de jeunes filles vêtues de blanc, parées de fleurs, ceintes de rubans frais, défilaient deux à deux en chantant des psaumes, et ressemblaient de loin à de beaux lis parmi les arbustes fleuris d'un parterre. La symétrie leur prêtait encore un nouvel éclat.

Venaient ensuite cent groupes de petits

12.

enfans habillés en abbés , en nones, en anges, en bergers conduisant des agneaux; la plupart représentant les diverses histoires du vieux et du nouveau Testament. Les acteurs étaient précédés et suivis d'une légion de lévites vêtus d'aubes blanches, et tout chamarrés de rubans, lesquels portaient des corbeilles de fleurs et en faisaient voler des nuages.

Les corps religieux de tous les ordres, les bras croisés, suivaient à pas lents de longues files de pénitens de toutes couleurs (1).

Ces étendarts qui flottaient déployés, ces brillantes oriflammes, ces guidons, ces panonceaux portés en tête des confrairies, ces tentures brillantes et variées qui paraient toutes les fenêtres, ces riches bannières brodées en or, peintes souvent par de grands maîtres, et dont chaque ordre religieux, chaque confrairie de pénitent, chaque paroisse de la ville était précédé, meublait le port d'une

_____

(1) Ces ordres de Pénitens, dont la tête était entièrement couverte d'un long capuchon pointu par le haut, et ayant deux trous pratiqués devant les yeux, était une vraie mascarade plus hideuse encore que ridicule.

façon très-pittoresque, et semblait le dispu-
ter d'éclat et de magnificence aux mille pavillons qu'étalaient les navires.

Tels parurent sans doute ces mêmes lieux,
lorsque la folie des croisades, passant de la
tête échauffée d'un ermite dans le cœur ambitieux d'un Pontife, les Français couraient
en foule à Marseille, et s'embarquaient fol-
lement, pour aller conquérir des contrées
dont la possession était si indifférente à la
vraie gloire du Christianisme.

Une élite des bouchers de Marseille, assis-
taient à cette éternelle procession, conduisant un gros bœuf couronné de guirlandes,
et couvert d'un riche tapis sur lequel était
assis un petit enfant de cinq à six ans; il avait
pour tout habit une peau de mouton et tenait
une banderolle à la main gauche, à l'imita-
tion de Saint-Jean-Baptiste, qu'il représentait.

Enfin le clergé paraissait, les encensoirs
partaient en mesure, des nuages d'encens s'é-
levaient en tourbillonnant dans les airs parfumés; tous les clochers carillonnaient, les
bourdons sonnaient en volée, et le canon servait d'intermède aux chants religieux de cette
innombrable multitude.

Mais c'était sur-tout lorsque la procession entière se déployait sur le port ; c'était lorsqu'on voyait sur tous les tillacs les matelots à genoux, tête nue, courbés, les mains jointes ou tendues vers le dais qui marchait et s'avançait majestueusement, porté entre le corps de ville et les ministres des autels ; c'était lorsque la foule qui remplissait les quais en longs essaims, frappée par cet ordre imposant, faisait trève à sa pétulance naturelle, se recueillait, s'agenouillait, et contemplait d'un œil respectueux la superbe ordonnance de ce cortège ; c'était enfin lorsque le *Pange*, entonné au reposoir, était lentement chanté par le peuple, et répété au loin sur les vaisseaux par les équipages, c'était alors que ce beau et grand spectacle, prenant de l'unité, inspirait je ne sais quelle religieuse terreur, imprimait à l'âme un respect profond, et portait dans les veines le frémisssement que fait éprouver l'approche de la Divinité.

# TRENTE-UNIÈME LEÇON.

## *Conseils d'un Père à son Fils et à sa Fille.*

Vous êtes, mes bons amis, les enfans d'un même père, il vous a élevés, et le même sein vous a portés.

Votre père est l'ami le plus sûr et le plus indulgent que vous puissiez jamais avoir : écoutez-donc ce qu'il dit, car il le dit pour votre bien, et prêtez l'oreille à ses instructions, car c'est l'amour qui les dicte.

Vous fûtes constamment l'unique objet de ses soins : il ne s'est courbé sous le travail que pour vous applanir le chemin de la vie ; honorez donc sa mémoire et faites-la respecter.

Songez de combien de secours votre enfance a eu besoin ; dans combien d'écarts vous a précipité le feu de la jeunesse, et vous compatirez à ses infirmités, vous lui tendrez la main dans le déclin de sa vie.

Ainsi sa tête blanche descendra en paix dans le tombeau ; ainsi vos enfans, à leur tour, marcheront sur les mêmes pas à votre égard.

Restez toujours tendrement unis, mes chers enfans, et dans vos cœurs habitera la paix et le bonheur.

Différens intérêts vous séparent-ils dans le monde ? Rappelez-vous toujours le tendre lien qui vous joint, qu'aucun de vous ne préfère un étranger à son sang.

Si ton frère est dans l'adversité, hâte-toi, mon Azélia, de lui porter du secours ; si ta sœur gémit dans la peine, garde-toi, cher Alphonse, de l'abandonner. Ainsi mes soins revivront toujours dans votre attachement réciproque.

Obéis à Dieu, mon fils ; prends une femme, et fidèle à la société, deviens-en une branche utile.

Mais ne te fixe pas d'abord : que la précaution suspende ton choix ; le bonheur de tes jours porte tout entier sur celui que tu vas faire.

Si elle perd à se parer une partie de son tems ; si, éprise de sa beauté, elle n'est flattée que des éloges qu'on lui en fait ; si elle n'est retenue ni dans ses propos, ni dans sa joie ; si son œil fixe sur les hommes un regard effronté : fût-elle plus brillante qu'un astre, fuis loin de ses regards, évite le sentier qu'elle a pris, et que tes sens ne précipitent pas ton cœur dans ses piéges.

Mais que dans une femme tu trouves des mœurs douces et un cœur sensible, un esprit orné et une physionomie qui rie à ton imagination, unis ton sort au sien, fais-en une amie, une compagne, une épouse.

Regarde-la comme une faveur du ciel, et que de ta complaisance pour elle, naisse son amour.

Elle est maîtresse chez toi : si tu lui manques d'égards, on lui manquera de soumission.

Ne t'opposes point légèrement à son goût ; elle partage tes peines, qu'elle partage tes plaisirs.

Reprends-la avec douceur : supplie et n'exige rien.

Confie à sa foi tes secrets, prends ses avis, et tu ne seras point trompé.

Sois fidèle à son lit, car elle est la mère de tes enfans.

Quand la maladie étendra sur elle ses rudes

coups, attendris-toi sur sa peine ; un regard d'amour soulagera sa douleur, adoucira son affliction et contribuera à lui rendre l'éclat de la santé.

Compatis à son sexe, sa complexion est délicate ; glisse sur ses défauts, les tiens peuvent être plus grands.

Quant à toi, ô ma fille, écoute ce que la prudence d'un ami, d'un père qui t'adore, va te dire, et grave ses maximes au fond de ton cœur : ainsi ton esprit embellira tes traits ; ainsi tu conserveras, comme la rose à qui tu ressembles, un doux parfum après ta fraîcheur.

Rappelle-toi les vues de Dieu sur ton être ; il te fit pour être la compagne de l'homme, et non l'esclave de sa passion ; il te fit, non pour flatter simplement un désir sans frein, mais pour partager avec lui les peines de la vie, lui en adoucir les amertumes par tes caresses, et être la compagne de ses travaux.

Regarde celle qui se rend maîtresse de l'homme, qui le subjugue et qui règne dans son cœur.

L'innocence dirige son esprit, et la prudence colore ses joues.

Elle se plaît chez elle, et n'y est jamais oisive.

Elle est habillée proprement, mais sans luxe; la frugalité règle sa table; l'humble douceur est comme une couronne de gloire qui entoure son front.

La douce mélodie est dans sa voix, la décence dans ses discours, et dans ses réponses brillent la grâce et la vérité.

Elle s'est fait un principe d'écouter et d'obéir; la paix et le bonheur en sont le prix.

La prudence est son guide, et la vertu est à ses côtés.

Dans ses yeux brille l'amour; mais c'est un amour que la retenue conduit.

Heureux l'homme qui doit en faire sa femme! Heureux l'enfant qui l'appellera sa mère!

Elle préside dans sa maison, et la paix y préside avec elle; elle est obéie parce qu'elle sait commander.

Levée avec l'aurore, elle distribue à chacun ce qu'il doit faire dans la journée.

Le soin de sa famille fait tout son plaisir; son unique étude est d'unir le plaisir à la frugalité.

Elle tient une conduite qui lui attire tous les éloges : son époux les entend avec une secrète satisfaction ; ils rejaillissent sur lui.

Elle trace dans le cœur de ses enfans des leçons de sagesse ; elle donne à leurs mœurs la teinture des siennes.

Un mot est une loi pour eux ; ils obéissent aux moindres signes de sa volonté.

Ses domestiques volent à ses ordres ; elle marque une chose à faire, et la chose est faite : l'amour anime tout ; on a des ailes.

La prospérité ne l'énorgueillit point, et sa patience guérit les coups de la fortune.

Elle donne des conseils à son époux, et il est soulagé ; elle lui fait des caresses, et ses maux sont adoucis ; elle reçoit dans son sein l'épanchement de son cœur, et il est consolé.

Heureux l'homme qui en fait sa femme ! Heureux l'enfant qui l'appelle sa mère !

Si, comme moi, mon fils, tu as le bonheur d'être père, et si, comme ta mère, ma chère Azélia, tu as celui d'être mère, songez que vos enfans sont un dépôt que le Ciel vous a confié, et que c'est à vous d'en prendre soin.

De leur bonne ou de leur mauvaise éducation, dépendra le bonheur ou le malheur de vos jours.

Préparez-les de bonne heure à recevoir les impressions de la vérité.

Etudiez leur penchant, détruisez toute mauvaise habitude qui croîtrait avec eux, et tandis qu'ils sont flexibles, prenez soin de les plier vers le bien.

Fardeaux honteux de la société, si le vice l'emporte, ils seront votre opprobre; utiles à leur patrie, s'ils sont vertueux, ils feront l'honneur de vos vieux jours.

Qu'ils sachent obéir, l'obéissance est le sentier de la paix; qu'ils soient modestes, on craindra de les faire rougir; reconnaissans, la reconnaissance attire le bienfait; humains, ils recueilleront de l'amour.

Justes, on les estimera; sincères, ils seront crus; sobres, la sobriété écarte la maladie; prudens, le repos les suivra; actifs, leurs richesses s'augmenteront; bienfesans, ils seront considérés.

Qu'ils aient des connaissances, leur vie sera utile; qu'ils aient enfin de la religion, et leur mort sera douce et heureuse.

# TRENTE-DEUXIÈME ET DERNIÈRE LEÇON.

## Préceptes de conduite.

### *La Réflexion.*

Quand tu auras à parler, songe de ne point le faire comme un inconsidéré dont la langue est un tourbillon, et chaque parole un trébuchet où il se prend lui-même. Quand tu auras à agir, n'agis point comme un étourdi qui franchit une haie et qui tombe de l'autre côté dans un fossé qu'il n'a point vu ; mais réfléchis : la réflexion est la porte de la sûreté, elle écartera le malheur ; la honte sera étrangère chez toi, et le chagrin n'habitera jamais sur ton front.

### *La Modestie.*

La modestie est à la vertu et aux talens, ce qu'un voile est à la beauté ; elle en fait ressortir l'éclat.

Sois humble, si tu veux qu'on t'élève ; et peu sensible à la louange, incertain de la mériter.

Consulte, écoute les avis, profite : et par là si tu tombes dans l'erreur, tu pourras te promettre, même en tombant, le pardon de ta chute.

## Le Travail.

Puisque le jour qui finit, finit sans retour, et que la mort peut précéder celui qui va naître, mets à profit l'instant que tu tiens, sans trop regretter celui qui est passé, ni trop compter sur celui qui approche.

Ce moment est à toi, cet autre qui va suivre est dans l'abîme de l'avenir ; sais-tu ce qu'il t'apporte ?

Que du projet à l'exécution, l'intervalle soit un point : ne diffère pas au soir ce que le matin peut finir.

L'oisiveté est la mère de l'indigence et des malheurs ; la main de l'activité écarte le besoin, la prospérité et les succès marchent à la suite de l'industrie.

## L'Émulation.

Quel que soit ton état, ne te contente point d'une indigne médiocrité; vise au premier rang; qu'aucun talent n'éclipse le tien; et s'il en est d'égaux, qu'une noble émulation t'élève au-delà.

L'émulation fait former à l'homme de grands projets, les exécute, et son nom vole à l'immortalité.

Mais le cœur de l'envieux est pétri de fiel et d'amertume; sa bouche distille le poison; le succès d'autrui le désespère.

Son esprit veille toujours, attentif au mal qu'il peut faire; mais abhorré de tout le monde, il est enfin écrasé, comme l'araignée dans sa toile.

## La Prudence.

Impose un frein à tes paroles, que la précaution ouvre tes lèvres; un seul mot peut nuire à ta tranquillité.

Se vanter soi-même est ridicule, railler d'un autre est dangereux; un trait mordant est le poison de l'amitié.

Ne dissipe point aujourd'hui ce qui peut te manquer demain ; et n'abandonne point au hasard ce qu'une soigneuse prévoyance peut t'assurer.

Ne t'attends pas, cependant, que le succès couronne toujours la prudence, car le jour ne sait pas ce que la nuit apporte.

Borne tes plaisirs à tes moyens, et que l'achat n'en excède pas la douceur.

Sois économe, mais ne sois point sordide : ce n'est que pour te reposer le soir, que tu dois, voyageur sensé, profiter du matin de tes jours.

Que la prospérité ne ferme point l'œil de la circonspection ; et que l'abondance ne détruise point la frugalité : qui se plonge dans le superflu, pleurera un jour pour le nécessaire.

Apprends des sottises des autres à être sage ; regarde leur chute, et marche droit.

N'aie point une méfiance trop prompte, ni une confiance trop légère ; éprouve.

Refuse le bienfait d'un homme intéressé ; c'est un piége qu'il te tend ; tu ne serais jamais quitte envers lui.

## La Force d'Esprit.

Le danger, l'infortune, le besoin, les maladies, le travail et la misère, sont plus ou moins le lot de chaque homme en naissant.

Arme-toi donc de bonne heure du courage et de la patience ; et reçois d'un esprit mâle la portion qui t'est destinée.

N'élève sur-tout jamais aucun murmure contre la Providence ; semblable à ce rocher contre lequel les ondes en courroux viennent se briser, sans l'ébranler, rends-toi vainqueur du sort qui t'attaque, et le foule à tes pieds.

## La Tempérance.

Avoir un esprit juste dans un corps sain, c'est approcher du bonheur autant qu'on peut en approcher ici bas.

Si le Ciel t'a accordé ces deux dons, évite, pour les conserver, les approches de la volupté, crains-en les séduisantes amorces.

La honte, la maladie, la misère, les soins et le repentir, marchent à sa suite.

## L'Espérance et la Crainte.

L'espérance est à l'âme, ce qu'est une rose fraîche à l'odorat : la crainte au contraire épouvante le cœur.

Un espoir aveugle est cependant nuisible ; une crainte vaine est dangereuse : tout excès mène au mal : ce n'est qu'en modérant l'un par l'autre, qu'on se prépare aux vicissitudes du sort.

Qu'une assurance raisonnable donne donc la vie à tes projets : on est toujours éloigné du succès, quand on croit ne pas réussir.

De la crainte naît le malheur ; l'espérance porte des ressources avec elle.

## La Colère.

Un homme en colère est semblable à un vent fougueux, qui déchire les arbres et ravage la nature ; le danger et la destruction sont dans ses mains.

S'y livrer, c'est aiguiser un fer pour se percer le cœur, ou pour immoler son ami.

S'il est difficile de la réprimer, il est encore plus sage de la prévenir ; fuis donc toute occasion d'y tomber, ou sois en garde si elle s'offre.

Garde-toi d'ouvrir un asile à la vengeance, ce serait l'ouvrir au tourment ; elle anéantirait la bonté de ton cœur.

Vois en effet combien il est peu de choses, dans le cours de la vie, qui méritent ton ressentiment, et conviens qu'il y a de l'extravagance à s'y livrer.

Une réponse douce à des paroles aigres en abat la chaleur : c'est jeter de l'eau sur du feu ; c'est d'un ennemi souvent se faire un ami.

## La Pitié.

La vertu qui embellit le plus l'homme, c'est l'humanité : qui ne plaint personne, ne mérite pas qu'on le plaigne.

Ne ferme pas ton oreille aux cris de l'indigence, et que les calamités de l'innocent attendrissent ton cœur.

En toute occasion, quand tu te sentiras porté vers quelque bien, et que ton bon naturel te sollicitera pour les misérables, hâte-toi de te satisfaire. Crains que le temps, le conseil n'emportent ces bons sentimens, et n'expose pas ton cœur à perdre un si cher avantage. Il ne tient pas à toi de devenir riche, d'obtenir des emplois ou des honneurs; mais rien ne te peut empêcher d'être bon, généreux et sage. Préfère la vertu à tout : tu n'y auras jamais de regret.

## Le Desir et l'Amour.

Distingue le Desir de l'Amour; une femme que la vertu ne conduit point, n'excite que le desir ; crains-en la suite.

Un desir violent, comme un torrent fougueux, renverse tout ce qu'on oppose à son cours; mais il conduit à la destruction.

N'abandonne donc pas ton cœur à l'attrait de ses amorces; brise les chaînes que t'offrent ses charmes trompeurs.

La santé, d'où coulent tous les plaisirs, est une source qui serait bientôt épuisée.

Mais une belle femme, dont l'ornement est la sagesse , est le plus beau spectacle de l'Univers , et sa puissance est toujours victorieuse.

C'est dans ses yeux où tu dois puiser l'amour ; la pureté de sa flamme, anoblira ton cœur, et le remplira des impressions de la vertu.

## L'Esprit.

Les dons de l'intelligence sont les trésors du Ciel, et Dieu en a distribué à chacun la portion qu'il a jugé lui convenir.

A-t-il mis dans ton cœur la sagesse ? a-t-il orné ton esprit de la connaissance de la vérité ? Fais-en part à l'ignorant, c'est à toi de l'instruire ; communique-toi à l'homme éclairé, tu en tireras de nouvelles lumières, son commerce aggrandira la sphère de tes connaissances.

## La Fortune.

Si le ciel te comble de ses faveurs et que la fortune seconde tes entreprises, cherche celui qui souffre, préviens ses besoins, soulage-les, et ne le fais point rougir.

Appuie le talent, récompense le mérite, encourage l'industrie et facilite l'exécution de tout projet utile.

Malheur au fils de la terre, qui possède seul, et ne rend personne heureux de sa joie.

## La Médiocrité.

O toi que le ciel a placé dans la médiocrité ! console-toi, réjouis-toi même, tu le dois.

Tu n'as point, il est vrai, les mets somptueux du riche, mais aussi tu n'en as pas les maladies.

Le morceau que tu portes à ta bouche, n'est-il pas agréable à ton goût ? L'eau qui étanche ta soif, ne la trouve-tu pas délicieuse ? Oui sans doute, et plus heureux que le voluptueux, le travail nourrit ta santé, et te procure un sommeil étranger au lit de l'indolence.

## La Justice.

De la Justice dépend l'ordre de la société.

Mets des bornes à tes desirs, et que l'essor en soit tracé par le doigt de la Justice.

Que l'envie n'entre point dans ton cœur, et que ce qui est à ton prochain soit sacré pour toi.

Ne lève pas sur ses jours un bras homicide.

Ne flétris point ses mœurs; ne porte point faux témoignage contre lui.

Garde sur-tout, de laisser tomber sur son lit un regard adultère. Ce serait un tourment à son cœur, que tu ne saurais détruire; une tache à sa vie, que tu ne saurais effacer.

Que l'équité toujours accompagne tes actions; ne fais que ce que tu voudrais qu'on te fît.

Ne trahis point le secret confié, et que ta foi soit incorruptible : aux yeux de l'Eternel le vol a moins de crime que la perfidie.

## La Reconnaissance.

Ne porte point envie à ton bienfaiteur; ne cache point ce que tu lui dois ; car si la générosité a un éclat plus frappant, si elle est plus admirée, la reconnaissance, toute humble qu'elle est, touche davantage, et n'est pas moins agréable aux yeux de Dieu et des hommes.

Mais ne reçois rien, ni de l'orgueil ni de l'avarice : la vanité de l'un livre à l'humilia-

tion ; l'avidité de l'autre n'est jamais satis-
faite du retour, quel qu'il soit.

## La Sincérité.

O toi dont le cœur simple et naïf aime la
vérité ! suis constamment la route qu'elle te
trace ; l'estime générale sera ta récompense.

Soutiens en homme ce que tu auras avancé ;
et ne te prête jamais aux détours de l'artifice.

Conseille toujours en ami ; censure en
homme libre, et ne promets rien que tu ne
le tiennes.

## La Religion.

Il n'y a qu'un Dieu : il est incompréhen-
sible, éternel, tout-puissant.

Sa sagesse est égale à sa puissance : regarde la nature entière ; avec quelle har-
monie il en fait jouer les ressorts ! avec quelle
économie il en distribue la variété ! Partout
il surprend ! partout il est impénétrable.

O toi qu'il a doué de la raison ! médite en
silence les merveilles de son amour : il ne t'a
prescrit des devoirs qu'autant qu'ils ont un
rapport intime à la nature de ton être ; ils en

font le bonheur : mais garde-toi de les enfreindre, il en punit les transgresseurs.

Celui qui brille au faîte des honneurs ; celui qui rampe caché dans les ténèbres d'un état obscur ; le riche et le pauvre, l'homme d'esprit et l'ignorant, tous indifféremment seront portés dans la balance du bien et du mal, qui doit peser tous les humains.

Le méchant alors frémira d'épouvante, et l'homme juste qui aura suivi les maximes que le Ciel vient de dicter par ma bouche, recevra dans les demeures de l'éternité la couronne immortelle qui l'attend.

**FIN.**

# TABLE DES LEÇONS.

FIN DE LA TABLE.